American Football: Die Carolina Panthers

Allgemeine Hinweise:

**Dieses Buch steht in keiner Weise in Verbindung mit und ist weder lizensiert noch unterstützt von der NFL oder den Carolina Panthers.**

Aus Gründen der besseren Lesbarkeit wird bei Personenbezeichnungen die männliche Sprachform verwendet. Gemeint ist sowohl die männliche als auch die weibliche und die diverse Form.

Das vorliegende Buch wurde sorgfältig erarbeitet. Dennoch erfolgen alle Angaben ohne Gewähr. Weder die Autoren noch der Verlag können für eventuelle Nachteile oder Schäden, die aus den im Buch vorgestellten Informationen resultieren, Haftung übernehmen.

Sollte diese Publikation Links auf Websiten Dritter enthalten, so übernehmen wir für deren Inhalte keine Haftung, da wir uns diese nicht zu eigen machen, sondern lediglich auf deren Stand zum Zeitpunkt der Erstveröffentlichung verweisen.

BEUCHLING | HAIST

# AMERICAN FOOTBALL

## DIE CAROLINA PANTHERS

★★ GEKOMMEN, UM ZU BLEIBEN ★★

MEYER & MEYER VERLAG

**American Football: Die Carolina Panthers**

Bibliografische Information der Deutschen Bibliothek
Die Deutsche Bibliothek verzeichnet diese Publikation in der Deutschen Nationalbibliografie; detaillierte bibliografische Details sind im Internet über <www.dnb.de> abrufbar.


Auckland, Beirut, Dubai, Hägendorf, Hongkong, Indianapolis, Kairo, Kapstadt, Manila, Maidenhead, Neu-Delhi, Singapur, Sydney, Teheran, Wien

Gesamtherstellung (Druck): Bookwire, Frankfurt, www.bookwire.de

FSC www.fsc.org MIX Papier | Fördert gute Waldnutzung FSC® C083411

Member of the World Sport Publishers' Association (WSPA)
ISBN 978-3-8403-7861-4

Hersteller im Sinne der GPSR:
Meyer & Meyer Fachverlag & Buchhandel GmbH
Von-Coels-Straße 390, 52080 Aachen
www.dersportverlag.de
E-Mail: kontakt@m-m-sports.com

# INHALT


Vorwort ... 8

Teil I Die Gründung der Carolina Panthers ... 12
- 1 Die NFL in den 1980er- und 1990er-Jahren ... 12
- 2 Jerry Richardson – vom Spieler zum Besitzer ... 14
- 3 Ein NFL-Team für die Carolinas ... 15

Teil II Die frühen Jahre ... 18
- 1 Das erste Jahr in der NFL (1995) ... 19
  - Head Coach Dom Capers – der erfahrene Rookie ... 19
  - Expansion Draft und Free Agency ... 21
  - Sam Mills – Keep Pounding! ... 23
  - Die erste Saison ... 28
- 2 Der erste Play-off Run (1996) ... 31
  - Michael Bates – der Unterschied in den Special Teams ... 33
  - Der erste Titel ... 34
- 3 Ein tragisches Jahr (1997) ... 40
  - Der Fall Rae Carruth ... 41
- 4 Alles bricht zusammen (1998) ... 48
  - Head Coach George Seifert – eine erfolglose Verbindung ... 50
- 5 Das Warten geht weiter (1999) ... 51

Teil III Die 2000er-Jahre ... 53
- 1 Treten auf der Stelle (2000) ... 54
- 2 Erste Hoffnungsschimmer (2001) ... 54
  - Steve Smith – die Legende von Freddie Krueger ... 56
- 3 Der Grundstein wird gelegt (2002) ... 60
  - Head Coach John Fox – „Es ist, wie es ist!" ... 61
  - Julius Peppers – der athletische Freak ... 64
- 4 Das Jahr der „Cardiac Cats" (2003) ... 66
  - Jake Delhomme – der steinige Weg der Nummer 17 ... 67
  - Super Bowl Run ... 70

5 Super Bowl Hangover (2004) ... 91
6 Zurück in die Spur (2005) ... 92
Thomas Davis Sr. - Keep Pounding in Person ... 93
7 Zu viele Verletzungen (2006) ... 95
8 Auf der Suche nach der Play-off-Form (2007) ... 96
9 Ein kleiner Neuanfang (2008) ... 97
10 Das Ende einer Cinderella-Story (2009) ... 100
11 Quarterback-Wechselspiel (2010) ... 100

**Teil IV Gekommen, um zu bleiben ... 103**
1 Ron Rivera - der neue Head Coach ... 104
2 Cam Newton - das Gesicht der Carolina Panthers ... 107
3 Laufende Panther (2011) ... 114
Greg Olsen - Mister Zuverlässig ... 115
4 Fehlstart (2012) ... 117
Luke Kuechly - absolut außergewöhnlich ... 119
5 Die Geburtsstunde von „Riverboat" Ron (2013) ... 122
6 Steiniger Weg (2014) ... 126
7 Fast perfekt (2015) ... 131
8 Hangover Pt. II (2016) ... 151
9 Reparaturen und alte Bekannte (2017) ... 154
Christian McCaffrey - Run CMC ... 155
Die Panthers werden verkauft ... 158
Ein neuer Sheriff in der Stadt ... 161
10 Alles oder nichts (2018) ... 164
DJ Moore - der Unterschätzte ... 168
11 London Calling (2019) ... 170

**Teil V Rebuild? ... 175**
1 Matt Rhule - eine neue Hoffnung ... 176
2 Aderlass und Draft-Geschichte ... 179
3 Pandemie Football (2020) ... 184
4 „In on every Deal" (2021) ... 186
5 Notbremse (2022) ... 193
6 Der Kreis schließt sich ... 197

Danksagung ........ 200

Anhang ........ 202

1 Literaturliste ........ 202

2 Bildnachweis ........ 203

# VORWORT

Frank Reich auf Pete Metzelaars. Der erste Touchdown in der Geschichte der Carolina Panthers. Ein historischer Moment, den ich nicht vergessen werde.

Eigentlich war ich damals Hardcore-Fan der Buffalo Bills, doch die NFL übte allgemein eine riesige Faszination auf mich aus. In der Saison 1995 wurde ich nun Zeuge, wie die Profiliga um zwei Teams erweitert wurde: die Carolina Panthers und die Jacksonville Jaguars.

Zunächst bestand da eine grundsätzliche Neugierde: Wie läuft so etwas ab? Für einen fußballsozialisierten Jugendlichen aus Europa ist das schwer zu verstehen. Da werden also einfach zwei neue Standorte vergeben, Teams am Reißbrett entworfen und einfach aus dem Boden gestampft?

Irgendwie seltsam. Und irgendwie spannend.

Daher beobachtete ich das Geschehen um die beiden Expansion Teams genau. Die NFL lernte aus ihrer letzten Erweiterung 1976, als die Seattle Seahawks und die Tampa Bay Buccaneers zu lange brauchten, bis sie ansatzweise konkurrenzfähig waren, und bot den neuen Teams beträchtliche Starthilfen: eine Expansion Draft mit Spielern von den anderen NFL-Teams, mehrere frühe Picks in der regulären NFL Draft sowie die ja gerade erst neu konzipierte Free Agency.

Das erste Roster der Panthers weckte mein Interesse so richtig, denn nun trugen einige meiner Bills-Heroen auf einmal schwarz-blau-silberne Jerseys: QB Reich, TE Metzelaars, WR Don Beebe, LB Carlton Bailey. Alle waren auf ihre Weise Protagonisten des unglaublichen Super-Bowl-Runs der Bills gewesen, die viermal in Folge die AFC gewinnen konnten - und viermal in Folge im Super Bowl scheiterten. Der General Manager der Panthers, Bill Polian, zuvor in gleicher Position bei den Bills tätig, wollte also anscheinend eine Buffalo-South-Filiale eröffnen.

Am ersten Spieltag sorgten zwei Ex-Bills für den ersten Touchdown der Franchisegeschichte der Panthers. Am zweiten Spieltag ging es - ausgerechnet, möchte man sagen - nach Buffalo, wo diese Spieler mit herzlichen Plakaten empfangen wurden. Das Duell zog mich in seinen Bann, wenngleich die Partie kein Leckerbissen werden sollte, erst recht nicht für Fans eines gepflegten Passspiels.

Diese Wochen sind mir bis heute in besonderer Erinnerung geblieben. Irgendwo in meinem Keller liegt noch eine mittlerweile wohl ziemlich verstaubte VHS-Kassette mit dem NFL-Debüt der Panthers und dem zweiten Spiel gegen die Bills. Für drei der vier ehemaligen Bills-Spieler war übrigens nach einem Jahr wieder Schluss in Charlotte, doch diese Saison verschaffte dem Team bei mir eine gehörige Anschubsympathie.

Sportlichen Anschub hatten die Panthers allerdings gar nicht unbedingt nötig, denn ihnen gelang es recht schnell, in der NFL Fuß zu fassen, wovon nicht nur der Einzug ins NFC Championship Game gleich im zweiten Jahr zeugt.

Doch ich verliere mich hier schon wieder in Details, die gar nicht unbedingt in ein Vorwort gehören.

Ziemlich genau ein Vierteljahrhundert später erreicht mich eine Mail. Ein deutschsprachiger Panthers-Podcast mit dem vielversprechenden Namen *Keep Talking* würde mich gerne als Gast einladen, um über den gerade neu verpflichteten Head Coach Matt Rhule zu sprechen.

In der Zwischenzeit ist viel passiert. Meine NFL-Leidenschaft ist seit Längerem der Leidenschaft für College Football gewichen, wenngleich ich die Liga weiterhin intensiv verfolge. Die Panthers sind nicht mehr die Newcomer, sondern ein fester Bestandteil der jüngeren NFL-Historie. Zweimal erreichten sie den Super Bowl. Stars wie Julius Peppers, Steve Smith, Luke Kuechly, Greg Olsen oder Christian McCaffrey sind aufs Engste mit ihren Farben verbunden. Cam Newton galt zeitweilig sogar als eines der Gesichter der gesamten NFL. Ob es an den zahlreichen Franchise-Playern lag oder nicht, aber gefühlt haben sich die Panthers schneller im Zentrum der NFL etabliert als die Jaguars oder die einige Jahre später gegründeten Houston Texans.

Wie dem auch sei: Ich nahm also diese Einladung wahr, um etwas über den ehemaligen Temple- und Baylor-Coach Rhule zu berichten, der, mit einigen Vorschusslorbeeren bedacht, den Sprung in die NFL wagte. Es wurde ein besonderer Auftritt in einem besonderen Podcast. Ich habe in den letzten Jahren viele Podcasts besucht, aber nur wenige wie diesen – was eindeutig an den beiden Hosts liegt: Kai und Moritz sind besonnen und reflektiert, produzieren keine hot takes, verlieren sich aber auch nicht nur in distanzierten Analysen, sondern sind primär Fans des Teams. Eine sehr gute Mischung.

Es sollte nicht der letzte Kontakt zwischen uns bleiben: Seitdem analysieren wir einmal im Jahr ausführlich die Panthers-Draft. Darüber hinaus durfte ich große und symbolträchtige Momente begleiten, wie das Comeback von Cam Newton in der Saison 2021. Kurz zuvor hatten wir uns bereits an ein Mammutprojekt gewagt: eine fast sechsstündige Podcast-Doppelfolge zur kompletten Historie der Carolina Panthers – von der Gründung bis heute.

Ich bin mir zwar nicht sicher, ob dies der finale Auslöser für das vorliegende Buch war, aber ich kann mir kein besseres Autoren-Duo vorstellen, um die Panthers einer breiten Leserschaft näherzubringen: mit Herzblut, mit Begeisterung, mit klarem moralischen Kompass – und gespickt mit dem berühmten Cocktailpartywissen. Daher musste ich auch nicht lange überlegen, als ich angefragt wurde, dazu ein Vorwort beizusteuern.

Und nun auch noch das: Wenige Tage vor der Deadline für dieses Vorwort wird Frank Reich, mit dem die sportliche Geschichte der Panthers begann, zu ihrem neuen Head Coach ernannt. Wie heißt es so schön? Full Circle. Und genau der richtige Anlass, sich dieses lesenswerte Werk vorzunehmen und mehr über die ereignisreichen Jahre zwischen dem ersten Touchdown und dem (vorerst) letzten Trainer zu erfahren.

*Jan Weckwerth*

# ★ I ★

# DIE GRÜNDUNG DER CAROLINA PANTHERS

## 1 DIE NFL IN DEN 1980ER- UND 1990ER-JAHREN

Die Carolina Panthers sind heute, als eines von 32 Teams, ein selbstverständlicher Bestandteil der National Football League. Tatsächlich gehört das 1995 gegründete Team zu den vier jüngsten Mitgliedern der Profiliga. Besonders in Deutschland, wo American Football in den letzten zehn Jahren einen regelrechten Hype erfuhr, schaut man eher selten in die Vergangenheit und auf die damalige Struktur der NFL. Da in diesem Buch, zumindest ansatzweise, die gesamte Geschichte der Carolina Panthers behandelt wird, ist natürlich auch die Gründung der Franchise ein wichtiger Baustein dieser Erzählung.

Bis zur Gründung der Carolina Panthers und auch der Jacksonville Jaguars, die beide 1995 ihre erste Saison spielten, war die NFL, wie auch heute, in die beiden Conferences National Football Conference (NFC) und American Football Conference (AFC) mit jeweils 14 Teams aufgeteilt. Zu dieser Zeit gab es pro Conference allerdings jeweils nur drei Divisionen – East, Central und West. Die NFC West und die AFC Central beheimateten jeweils vier Teams, alle anderen Divisionen fünf. Zwar zogen Franchises immer mal wieder in andere Städte, aber grundlegend war dies die Struktur der NFL in den 1980er- und frühen 1990er-Jahren.

Sowohl sportlich als auch medial ist diese Zeit natürlich schwer mit der heutigen NFL zu vergleichen. Das Laufspiel hatte einen wesentlich höheren Stellenwert als heute und somit war ein Footballspiel insgesamt etwas statischer. Dies lag unter anderem auch daran, dass es damals bestimmte Spielregeln, wie zum Beispiel den Versuch einer Two-Point-Conversion nach einem Touchdown, noch nicht gab.

Natürlich bewegte sich auch die mediale Inszenierung, alleine durch die Abwesenheit von sozialen Onlinemedien, im Vergleich zu heute auf einem anderen Level. Ebenso war der Grad der Kommerzialisierung des Sports grundsätzlich noch nicht so ausgeprägt.

Auch sportlich betrachtet, war die NFL zu dieser Zeit nicht sonderlich ausgeglichen. Das Kräfteverhältnis zwischen den beiden Conferences lag in den 1980er-Jahren bis in die 1990er-Jahre hinein so gut wie immer auf der Seite der NFC. Besonders sind hier die San Francisco 49ers mit Hall-of-Fame-Quarterback Joe Montana, die damaligen Washington Redskins und die Dallas Cowboys zu nennen, die zu dieser Zeit gleich mehrere Super-Bowl-Titel gewannen.

Im Laufe der Jahre zogen verschiedene Teams wie die Raiders, Rams, Colts und Cardinals in andere Städte um. Dies zeigte, dass der Standort eines NFL-Teams in einem so großen Land wie den USA aus wirtschaftlicher Sicht einen großen Einfluss auf die umgebende Region hatte. Die Erschließung neuer Regionen und Fangruppen war für die NFL ein wichtiges Ziel.

Eine Erweiterung der Liga mit zusätzlichen Teams war eine weitere Maßnahme, um neue Wirtschaftsräume zu erschließen. Besonders im Süden und Südosten der USA sahen Investoren noch einiges an Potenzial für eine Expansion.

Einer davon war Jerry Richardson, ein erfolgreicher Geschäftsmann aus Charlotte in North Carolina.

## 2 JERRY RICHARDSON – VOM SPIELER ZUM BESITZER

Dem 1936 in North Carolina geborenen Jerome Johnson „Jerry" Richardson ist es zu verdanken, dass die Carolina Panthers 1993 ihren Weg als 29. Team in die NFL fanden. Richardson besuchte ab 1954 das Wofford College in Spartanburg, South Carolina - demselben Ort, an dem die Panthers auch heute noch ihr Trainingslager vor der Saison abhalten.

Während seiner Zeit dort spielte er hauptsächlich auf der Position des Wide Receivers, stand aber auch als Runningback für die Wofford Terriers auf dem Footballfeld. Jerry Richardson verfügte über großes Talent und legte für sein Team beeindruckende Zahlen auf. Bis heute hält er mehrere Rekorde am Wofford College: 1956 erreichte er 241 Receiving Yards in einem einzigen Spiel. Er hält außerdem den Rekord von neun gefangenen Touchdowns in einer Saison (1958) und von 21 gefangenen Touchdowns insgesamt.

Jerry Richardson war bis zu seinem Tod am 1. März 2023 tief mit seiner Alma Matar verbunden und unterstütze das College lange Zeit mit hohen Geldbeträgen. Bereits 2014 wurde ihm zu Ehren eine Statue auf dem Campus errichtet.

Im Draft 1959 wurde Jerry Richardson in der dreizehnten Runde von den Baltimore Colts ausgewählt. Mit diesen gewann er 1959 die NFL-Meisterschaft, wo er im Finalspiel gegen die New York Giants einen Touchdown Pass des späteren Hall-of-Fame-Quarterbacks Johnny Unitas fing.

In den 1950er-Jahren war das Spielen in der NFL für junge Collegeabsolventen eher eine Art Hobby als eine langfristige Karriereoption. Auch Jerry Richardson, der neben seinem sportlichen Talent auch eine ausgeprägte unternehmerische Begabung hatte, ging nach zwei Spielzeiten mit den Colts einen anderen Weg. Angeblich auch deswegen, da er von den Colts ein Gehalt von 10.000 US-Dollar forderte, das Team ihm aber „nur" 9.750 US-Dollar anbot.

Mit seinem Bonus von 4.647 US-Dollar, den er für den Sieg der NFL-Meisterschaft bekam, eröffnete er mit seinem Wofford-Kommilitonen und Teamkameraden Charles Bradshaw eine Filiale der Fast-Food-Kette *Hardee's* in Spartanburg. Diese Filiale war der Start einer sehr erfolgreichen Karriere als Unternehmer. In den folgenden Jahren eröffneten Richardson und Bradshaw mehrere *Hardee's*-Restaurants sowie weitere Filialen anderer Fast-Food-Ketten und fassten alle ihre Unternehmungen unter der börsennotierten Firma *Spartan Food Systems* zusammen.

Ende der 1970er-Jahre gehörten 220 *Hardee's*-Standorte und 26 Filialen von *Quincy's Family Steakhouse* zu *Spartan Food Systems*. Richardson und Bradshaw verkauften ihre Firma 1979 an *Trans World Inc.*, blieben aber leitende Angestellte im Unternehmen. Jerry Richardson wurde 1989 der CEO von *Trans World* (ab 1993 *Flagstar*), dem damals sechstgrößten Unternehmen für Lebensmittel-Dienstleistungen in den USA. Aber Richardson hatte noch andere unternehmerische Pläne, die nichts mit der Gastronomie zu tun hatten.

## 3 EIN NFL-TEAM FÜR DIE CAROLINAS

Ende der 1980er-Jahre entflammte bei Jerry Richardson der Gedanke, ein NFL-Team in seine Heimat zu bringen. Vor allem, nachdem der Unternehmer George Shinn es im April 1987 schaffte, mit den Charlotte Hornets eine NBA-Franchise für Charlotte zu gewinnen, manifestierte sich Richardsons Idee zusehends.

Im Sommer 1987 traf sich Richardson mit ein paar Investoren und Beratern, um die Möglichkeit eines Footballteams in Carolina und eine entsprechende Bewerbung bei der NFL zu erörtern. Noch im Dezember desselben Jahres machte Richardson seine Pläne öffentlich, ein Stadion bauen zu wollen und sich offiziell bei der NFL um ein Footballteam zu bewerben.

Hierzu gründete er die Firma *Richardson Sports* und machte seine Frau Rosalind, seine Söhne Mark und Jon sowie seine Tochter Ashely zu Teilhabern und eine Reihe von Investoren aus North und South Carolina zu Minderheitsgesellschaftern. Nach einem weiteren Jahr voller Marktanalysen und weiteren Planungen stieß der Hall of Famer und ehemalige General Manager der Seattle Seahawks, Mike McCormack, zu *Richardson Sports*, um den Bewerbungsprozess als Berater zu unterstützen.

Am 15. Dezember 1989 gab *Richardson Sports* bekannt, dass man sich für die Stadt Charlotte in North Carolina als Standort eines neuen Stadions mit Platz für mehr als 70.000 Besucher entschieden hatte. Das Stadion sollte komplett privat finanziert werden und so keine Belastung für die Staatskasse werden. Der Bau des Stadions war natürlich an die Zusage der NFL für ein Footballteam in Charlotte gebunden.

Jerry Richardsons Pläne sorgten natürlich für einigen Wirbel und weitere Geschäftsleute sowie Politiker wurden von Richardsons Idee angesteckt und begannen, bei der NFL und bei Teambesitzern für ein eigenes Team zu lobbyieren.

Als Ergebnis davon fanden von 1989 bis 1991 mehrere NFL-Preseason-Spiele in beiden Staaten statt. Alle Spiele, die in Raleigh und Chapel Hill (North Carolina) und Columbia (South Carolina) ausgetragen wurden, waren komplett ausverkauft.

Die Fans in den Carolinas zeigten also durchaus Interesse an NFL-Football und machten auch der Liga deutlich, dass ihr Heimatstaat einen Markt für eine eigene Franchise haben könnte.

Aber auch andere Regionen der USA hatten bei der NFL Interesse an einem eigenen Team angemeldet. 1990 verkündete der damalige Commissioner Pete Rozelle, dass sich die Liga um zwei weitere Teams erweitern würde und leitete ein offizielles Auswahlverfahren ein. Im folgenden Jahr bewarb sich *Richardson Sports* offiziell bei der NFL um ein Expansion Team in der Stadt Charlotte.

Im Mai 1992 veröffentlichte die NFL eine Liste mit fünf Städten, die für eines der zwei Expansion Teams infrage kommen würden: Baltimore, Jacksonville, St. Louis, Memphis und Charlotte.

Im Juni 1993 kündigte Jerry Richardson eine für die damalige Zeit revolutionäre Maßnahme an: Um das Stadion nicht vollständig aus öffentlicher Hand finanzieren zu müssen, sollte das Stadion über den Verkauf von Personal Seat Licences finanziert werden. Besitzer einer PSL hatten immer einen sicheren Platz im Stadion, mussten aber trotzdem jährlich eine Dauerkarte erwerben. Diese PSL waren zwischen 600 und 5.400 US-Dollar zu bekommen und hatten einen Anteil von 120 Millionen US-Dollar an der Finanzierung, mit einem Gesamtvolumen von 248 Millionen US-Dollar.

Der Andrang auf die PSLs war von Anfang an enorm. Bereits am ersten Tag wurden über 40.000 Stück verkauft.

Bis heute sind circa 90 Prozent der Plätze im Bank of America Stadium in der Hand der PSL-Besitzer, die 2004 symbolisch in die Carolina Panthers Hall of Honor aufgenommen wurden.

Charlotte war also bereit, die Heimatstadt für ein NFL-Team zu werden. Am 26. Oktober 1993 verkündete die NFL, dass alle NFL-Teambesitzer einstimmig für Charlotte als neuen Standort für ein Expansion Team votiert hatten. Die Carolina Panthers wurden damit die 29. Franchise der NFL und Jerry Richardson nach George Halas, dem Spieler und Eigentümer der Chicago Bears, der zweite ehemalige Spieler, dem nun ein Team gehörte.

„Für mich und meine Partner sowie für die 10 Millionen Menschen in den Carolinas ist ein Traum wahr geworden", sagte Richardson bei einer Kundgebung vor mehreren tausend Menschen in Charlotte. Und weiter:

*„Unser Ziel ist es, eine Organisation und einen Trainerstab zusammenzustellen, damit wir eines Tages hier in dieser Gegend stehen und unseren ersten Super Bowl feiern können."*

Die Menschenmenge, die Richardson bei seiner Kundgebung zujubelte, musste sich allerdings noch zwei Jahre gedulden, bis sie ihr neues Team zum ersten Mal auf einem Footballfeld sehen konnten.

# II

# DIE FRÜHEN JAHRE

**1995**
**Erste Saison der Carolina Panthers (NFC West)**
Head Coach Dom Capers
**15. Februar**
Expansion Draft

**1996**
**Fertigstellung Ericsson Stadium** (ab 2004 Bank of America Stadium)
**NFC West Champion (12-4)**
Divisional Round vs. Dallas Cowboys (26:17)
NFC Championship Game at Green Bay Packers (13:30)

**1998**
**Dom Capers** wird entlassen.

**1999**
**George Seifert** wird neuer Head Coach.

# 1 DAS ERSTE JAHR IN DER NFL (1995)

Im Jahr 1995 war es dann endlich so weit: Die Carolina Panthers sollten nach der erfolgreichen Gründung und den Planungen in den Jahren zuvor in der NFL an den Start gehen. Für die Region war dies etwas sehr Besonderes. Zwar gab es mit den Charlotte Hornets bereits ein Team in der Stadt Charlotte, die in der höchsten amerikanischen Basketballliga NBA spielten, jedoch waren NASCAR und Wrestling die allgegenwärtigen Sportarten in North Carolina. Mit den Panthers kam nun auch noch ein Team dazu, das in der Lieblingssportart der Amerikaner beheimatet sein sollte.

In der Premierensaison fanden die Heimspiele jedoch nicht, wie geplant, in Charlotte statt, da sich das Ericsson Stadium, das heutige Bank of America Stadium, noch im Abschluss der Bauphase befand. Die Franchise wich daher nach Clemson in South Carolina aus, wo man das Memorial Stadium, Heimat der College-Football-Mannschaft Clemson Tigers, nutzen durfte.

Dies war nicht nur für die Fans mit viel Pendelei verbunden, sondern auch für die Carolina Panthers eine große logistische Herausforderung. So mussten während der Saison alle Spieler und der gesamte Staff inklusive der benötigten Ausrüstung die 225 Kilometer zu jedem Heimspiel per Bus anreisen.

Natürlich schien dieser Umstand eine zusätzliche Belastung zu sein, die andere Teams nicht auf sich nehmen mussten. Die Spieler jedoch beschrieben diese Erfahrung rückblickend als wichtigen Schritt, um als Team zusammenzuwachsen und als Grundstein für einen erfolgreichen Start in die ersten Saisons.

## Head Coach Dom Capers – der erfahrene Rookie

Als ersten Head Coach verpflichteten die Carolina Panthers Ernest Dominic „Dom" Capers. Dieser war bereits seit 1972 im American Football aktiv und konnte somit auf einen großen Erfahrungsschatz zurückgreifen.

Nach insgesamt 14 Jahren bei verschiedenen Stationen am College und in der United States Football League (USFL), einer Liga, die von reichen Geschäftsmännern gegründet wurde und der NFL Konkurrenz machen sollte, bekam Capers 1986 seinen ersten Job in der NFL als Defensive Backs Coach bei den New Orleans Saints. Diese Position bekleidete er auch auf allen seinen vorherigen Stationen.

Insgesamt blieb Dom Capers sechs Jahre beim späteren Konkurrenten der Carolina Panthers, ehe er 1992 den Posten des Defensive Coordinators bei den Pittsburgh Steelers übernahm – und dies mit großem Erfolg. In seinen drei Jahren erreichte Capers mit den Steelers jedes Jahr die Play-offs. 1994 stellte Pittsburgh hierbei sogar die beste Verteidigung der NFL, die mit insgesamt 55 Sacks die gegnerischen Offenses häufig dominierte.

Dies blieb natürlich auch in Carolina nicht unbemerkt und man kontaktierte Dom Capers, um ihm den Posten des Head Coachs für das neue NFL-Team anzubieten. Da die Panthers befürchteten, dass Capers weitere Angebote von verschiedenen Colleges erhalten würde, nahmen sie, noch während sich die Steelers in den Play-offs befanden, Verbindung zu ihm auf.

Zwar holten sie vorab die Erlaubnis aus Pittsburgh für eine Kontaktaufnahme ein, trotzdem widersprach dieses Jobinterview den Regularien der NFL. Die damalige Anti-Tampering-Rule besagte, dass Teams mit Coaches anderer Teams nicht verhandeln dürfen, sofern für das abgebende Team die Saison noch läuft.

Als Konsequenz dieses Regelverstoßes wurde den Carolina Panthers ein Zweit- und ein Sechst-Runden-Pick im ersten Draft der Franchisegeschichte aberkannt. Des Weiteren erhielten sie eine Geldstrafe in Höhe von 150.000 US-Dollar. Dies war zu Beginn natürlich ein teures Lehrgeld, welches Capers jedoch mit einem guten Start zurückzahlen sollte.

Dom Capers war in seinen vier Jahren in Carolina dafür bekannt, Football über ziemlich alles zu stellen. Er besaß tausende Seiten an Notizen aus seiner Coachingzeit seit 1982, auf denen er beispielsweise seine Ansprachen an Spieler und andere footballrelevante Dinge akribisch notiert hatte. Des Weiteren übernachtete er während der Saison zwei bis drei Nächte in der Woche auf einem Klappsofa in einem kleinen Raum im Stadion. So sparte er Zeit, die er wiederum in die Planung des Trainings oder die Entwicklung von Taktiken für den Spieltag steckte.

Genau für diesen Einsatz, den er für die Carolina Panthers brachte, ist ihm jeder, der mit ihm in den Anfangszeiten der Franchise zusammenarbeitete, bis heute dankbar.

Dom Capers ist zudem der einzige Coach, der zwei Franchises in ihrer ersten Saison hauptverantwortlich geleitet hat, nachdem er 2002 die neu gegründeten Houston Texans übernahm.

## Expansion Draft und Free Agency

Die Carolina Panthers starteten in der NFC West, einer Division, in der bereits die San Francisco 49ers, die St. Louis Rams, die Atlanta Falcons und die New Orleans Saints seit mehreren Jahren ihre Kräfte maßen. Um jedoch am Spielbetrieb teilnehmen zu können, musste in Carolina vorab noch etwas Wichtiges geschehen: die Zusammenstellung des zukünftigen Teams.

Hierfür wurde für die beiden neuen Expansion Teams, die Carolina Panthers und die Jacksonville Jaguars, am 15. Februar 1995 ein Expansion Draft veranstaltet. Für diesen Draft mussten alle Teams der NFL sechs ihrer Spieler auswählen, die von den neuen Franchises im Wechsel gewählt werden durften. Entschied sich eine Franchise für einen Spieler, so hatte das abgebende Team die Möglichkeit, einen anderen seiner Spieler von dieser Auswahlliste wieder zu entfernen.

Insgesamt mussten die Jaguars und die Panthers mindestens 30 und höchstens 42 Spieler wählen. Ein Münzwurf entschied, wer den ersten Spieler auswählen durfte. Diesen gewann Jacksonville. Im Gegenzug erhielten die Panthers den ersten Pick im regulären Draft der Saison 1995. Das Interessante an diesem Expansion Draft war die unterschiedliche Herangehensweise der Teams.

Die bisherigen Verträge der Spieler mussten von den Expansion Teams übernommen werden. Während Jacksonville für seine 31 ausgewählten Spieler insgesamt 15,5 Millionen US-Dollar an Gehalt investierte, gaben die Panthers für ihre 35 Spieler lediglich knapp neun Millionen US-Dollar aus, da man die größeren Investitionen in der Free Agency plante.

Des Weiteren wählte Carolina keineswegs junge, entwicklungsfähige Spieler aus, um die Breite des Rosters zu stärken, sondern setzte, wie auch später in der Free Agency, eher auf erfahrene Spieler. Rückblickend betrachtet, sollte genau dies sich auszahlen.

In der folgenden Free Agency bewies der neue General Manager Bill Polian, den man von den Buffalo Bills gewinnen konnte, ein sehr glückliches Händchen. Mit dem Kicker John Kasay, der von den Seattle Seahawks kam, schloss er direkt die erste Position – und das nicht nur für die erste Saison, sondern insgesamt für unglaubliche 16 Jahre.

In dieser Zeit gelang es Kasay 1996, der Scoring Leader der NFL zu werden, was ihm eine Pro-Bowl-Teilnahme einbrachte. Bis heute hat kein Spieler mehr Punkte für die Carolina Panthers erzielt. Mit 1.482 Punkten führt er diese Rangliste souverän vor einem weiteren Kicker, Graham Gano, an, der es auf 742 Punkte brachte.

Obwohl Polian seinen späteren Franchise-Quarterback im Draft wählen wollte, benötigte er einen zuverlässigen Backup, hinter dem sich der neue Mann gegebenenfalls entwickeln konnte. Die Wahl fiel auf Quarterback Frank Reich, ein Name, der in der heutigen NFL über die Grenzen der Carolina Panthers hinaus bekannt ist und durch seine Zeit bei den Bills ein alter Bekannter des General Managers war.

Reich sollte die ersten drei Spiele für die Panthers starten, was dafür sorgte, dass er nun für immer mit der Geschichte des neuen Franchise verbunden ist. Nicht zuletzt, weil er den ersten Touchdown in der Geschichte der Carolina Panthers erzielte – und zwar mit einem Pass auf den Tight End Pete Metzelaars, der als Free Agent ebenfalls von den Bills geholt wurde.

Der jedoch wohl prägendste Spieler, den die Carolina Panthers je holten, war zweifelsohne ein Verteidiger der New Orleans Saints.

## Sam Mills – Keep Pounding!

Die Geschichte von Samuel Davis „Sam" Mills Jr. ist von Anfang bis zum Ende so unglaublich, dass sie aus der Feder eines Hollywood-Autors entsprungen sein könnte.

Aufgewachsen als eines von 11 Kindern in New Jersey, zeigte sich in der Highschool bereits früh Mills sportliches Talent. Neben seinen starken Leistungen im Footballteam der Schule gewann er zudem gleich zweimal die Bezirksmeisterschaften im Wrestling.

Aufgrund seiner geringen Körpergröße von 1,75 Meter erhielt er jedoch von den College Scouts kein Angebot für ein Footballstipendium, weshalb er sich für die Montclair State University, ein kleines Division-III-College in New Jersey, entschied. In seinen vier Jahren im dortigen Footballteam legte er bemerkenswerte Zahlen auf und führt bis heute die Schule in Total Tackles, den Tackles in einer Saison und in einem Spiel an.

Trotz dieser Leistungen wurde Sam Mills jedoch im Draft der Saison 1981 nicht ausgewählt, erhielt aber von den Cleveland Browns die Möglichkeit, sich als nicht gedrafteter Spieler zu beweisen. Trotz seiner Spielweise zweifelten die Coaches auch hier daran, ob er sich aufgrund seiner Größe in der NFL würde durchsetzen können und entließen ihn daher nach der Preseason.

Ein Jahr später startete Mills einen weiteren Versuch, Fuß im professionellen Football zu fassen und unterschrieb einen Vertrag bei den Toronto Argonauts in der kanadischen Footballliga, doch auch hier wurde er noch vor der Saison entlassen.

Um nicht tatenlos herumzusitzen und auf die nächste Möglichkeit zu warten, nahm Sam Mills einen Job als Lehrer für Holzarbeiten und Fotografie an der East Orange High School in New Jersey an. Seinen Traum jedoch begrub er dennoch nicht und so nahm er an einem offenen Probetraining der USFL teil. Hier erhielt er eine weitere Chance, sein Talent zu beweisen und unterschrieb einen Vertrag bei den Philadelphia Stars.

Während seiner Zeit dort konnte Mills endlich zeigen, zu welchen Leistungen er auf einem professionellen Level fähig war. In seinen drei Jahren bei den Stars, die 1985 nach Baltimore umzogen, gewann er zweimal die Meisterschaft in der USFL und wurde zu einem Schlüsselspieler in der Defense seines Teams.

Als der Head Coach der Baltimore Stars, Jim Mora, nach der gewonnenen Meisterschaft 1985 zu den New Orleans Saints in die NFL wechselte, nahm er Mills, den er „den besten Spieler, den er je trainiert hat" nannte, mit und baute um ihn herum eine der dominantesten Defenses in der Geschichte der NFL, die „Dome Patrol", auf. In seinen neun Jahren bei den Saints wurde Mills viermal für den Pro Bowl nominiert.

Nach der Saison 1994 lief der Vertrag von Mills bei den Saints aus, sodass die Carolina Panthers dem frisch gebackenen Free Agent ein Angebot über zwei Jahre und 2,8 Millionen US-Dollar machten. Dieses Angebot konterten die New Orleans Saints mit einem Angebot in derselben Höhe, doch Mills war von diesem Angebot der Saints sehr enttäuscht, da sie ihm dieses erst unterbreiteten, nachdem die Panthers ihr Interesse konkret bekundeten. So unterschrieb er bei den Carolina Panthers.

*„Nach allem, was ich in New Orleans gespielt hatte, störte es mich irgendwie, dass sie mir dieses Geld nur zahlen wollten, weil sie es zahlen mussten und nicht, weil sie es zahlen wollten. Für mich ist das fast so, als ob man jemanden zu einer Party oder einem besonderen Ereignis einlädt, weil die Mutter sagt, dass man ihn einladen muss. Wenn ich herausfinden würde, dass ich zu einer Veranstaltung eingeladen wurde, weil mich jemand gezwungen hat, mich einzuladen, würde ich lieber gar nicht erst eingeladen werden."*

Trotz seines für einen Profisportler hohen Alters von 36 Jahren gelang Mills auf Anhieb ein Neustart bei seinem neuen Arbeitgeber. Er wurde vom ersten Tag an der Führungsspieler der jungen Panthers Defense und brachte die gegnerischen Offenses weiter zur Verzweiflung, da er immer zu wissen schien, welches Play auf der Gegenseite als Nächstes gespielt werden würde.

Nach drei erfolgreichen Jahren mit einer weiteren Pro-Bowl-Nominierung 1996 beendete Sam Mills, der als einziger Spieler in jedem Spiel der Panthers in diesen ersten Jahren startete, seine Karriere als Carolina Panther. Zudem wurde Mills der erste Spieler, der in die Carolina Panthers Hall of Honor aufgenommen wurde.

Im Ruhestand wurde es Mills, der fast sein komplettes bisheriges Leben dem Sport verschrieben hatte, nach ein paar Monaten jedoch bereits langweilig und er suchte die Möglichkeit, als Coach in der NFL eine andere Perspektive auf den Sport einzunehmen. Diese Chance gaben ihm die Carolina Panthers, sodass er ab der Saison 1998 den Coaching Staff als Defensive Assistant unterstützte.

Auch diese Rolle füllte der ehrgeizige und sympathische Mills zur vollsten Zufriedenheit seines Head Coaches aus und wurde daher schließlich zum Coach der Linebacker befördert.

Im August 2003 wurde die hollywoodreife Karriere von Sam Mills von einem schweren Schicksalsschlag erschüttert.

Obwohl Mills bereits seit Jahren als Assistenzcoach arbeitete, besaß er weiterhin auch die Mentalität eines aktiven Sportlers und joggte in jeder freien Minute auf dem Trainingsgelände oder stemmte Gewichte zwischen den Teammeetings.

Doch im Sommer 2003 fühlte Mills sich plötzlich ausgelaugt und müde, sodass er mehrere Tage nicht trainieren konnte. Er wusste, dass etwas mit ihm nicht stimmte und so suchte er einen Arzt auf. Dieser checkte ihn komplett durch und überbrachte ihm am Ende eine niederschmetternde Diagnose: Darmkrebs!

Mills traute anfangs seinen Ohren nicht, hatte er sich doch drei Monate zuvor bereits gründlich einer Darmspiegelung unterzogen. Der Arzt jedoch erklärte ihm, dass zu diesem Zeitpunkt der Krebs vermutlich noch zu hoch in seinem Körper saß und so bei der Untersuchung nicht entdeckt werden konnte.

Der geschockte Mills fragte, was als Nächstes anstehen würde und was sie tun könnten, um den Krebs zu bekämpfen. Der Arzt antwortete ihm, dass er nicht wisse, ob man den Krebs in diesem fortgeschrittenen Stadium überhaupt noch behandeln könnte und gab ihm eine Prognose, die die Welt von Mills erschüttern sollte: Er gab dem 44-jährigen Coach noch drei, vielleicht vier Monate zu leben, jedoch auf keinen Fall länger als ein Jahr.

Da Sam Mills Familie zu dieser Zeit in New Jersey war, fuhr er nach dieser Diagnose zusammen mit einem seiner Ärzte zu Teambesitzer Jerry Richardson. Bei Richardson war 1996 selbst Prostatakrebs diagnostiziert und erfolgreich behandelt worden.

Richardson stellte klar, dass Mills nicht alleine durch diese Zeit gehen müsse und ließ ihn bei sich wohnen. So konnten er und seine Frau sich rund um die Uhr um Mills kümmern. Auch wenn Sam Mills ins Krankenhaus für weitere Untersuchungen und Behandlungen musste, wich Jerry Richardson ihm nicht von der Seite: Er trug Mills Tasche und war da, wenn er nach einer Behandlung aus der Narkose erwachte. Er beantwortete seine Telefonate und legte seine Kleidung zusammen. Richardson wollte sicherstellen, dass Mills zu jeder Zeit die beste Versorgung erhielt.

Trotz laufender Chemotherapie und Bestrahlungen coachte Mills weiter für die Panthers. Am 02. Januar 2004, einen Tag vor dem Play-off-Spiel gegen die Dallas Cowboys, bat Head Coach John Fox seinen erkrankten Coach, ob dieser eine Motivationsrede an das Team richten könnte. Als Mills vor die Spieler trat, war niemandem bewusst, dass die nächsten Minuten den Grundstein für die Identität und die Kultur der Carolina Panthers legen sollten. Von der Rede insgesamt ist nicht viel überliefert, außer der folgenden, berühmt gewordenen Sätze:

*„When I found out I had cancer, there were two things I could do: Quit or keep pounding. I'm a fighter. I kept pounding. You're fighters too. Keep pounding."*

*„Als ich erfuhr, dass ich Krebs hatte, konnte ich nur zwei Dinge tun: aufgeben oder weitermachen. Ich bin ein Kämpfer. Ich kämpfte weiter. Ihr seid auch Kämpfer. Keep Pounding!"*

Mit seiner Rede berührte und motivierte Sam Mills die Spieler gleichermaßen. Die Worte „Keep Pounding", die sich auf Deutsch vermutlich am besten mit „weiterkämpfen" oder „weitermachen" übersetzen lassen, wurden zu einem regelrechten Mantra, welches sich im Laufe der Jahre immer weiter mit dem Franchise und dessen Umfeld verschmolzen hat.

Ob im Kragen des Trikots oder auf dem Trainingsgelände als Schriftzug, als motivierendes Bild im Fitnessraum oder aber in der Keep Pounding Drum, die vor jedem Heimspiel viermal geschlagen wird und einen minutenlangen Chant der Fans nach sich zieht.

In der Woche des Super Bowls XXXVIII erhielt Sam Mills bis Mittwoch mittags Chemotherapie, flog anschließend nach Houston, um dort ein Meeting mit seinen Linebackern abzuhalten und diese auf das Spiel einzuschwören.

Am 18. April 2005 erlag Sam Mills seinem Krebsleiden. Er lebte 17 Monate länger, als es die Ärzte ihm bei seiner Diagnose vorhergesagt hatten. Seine Verdienste als Spieler und Trainer und sein Kampf gegen die Krankheit, den er leider verlor, machten ihn zu einer unvergesslichen Legende – sowohl in den Gedanken der Leute, deren Leben er berührt hat, als auch visuell in der bronzenen Statue von ihm, die vor dem Bank of America Stadium steht.

Seine Trikotnummer 51 wurde bei den Carolina Panthers retired und wird somit nicht mehr vergeben. Im Jahr 2022 wurde Sam Mills posthum eine weitere Ehre zuteil: Er wurde in die NFL Hall of Fame aufgenommen.

**Sam Mills (1995-1997)**

- *NFL Pro Bowl (1996)*
- *Carolina Panthers Hall of Honor*
- *Trikotnummer 51 wird bei den Carolina Panthers nicht mehr vergeben.*
- *Pro Football Hall of Fame (2022)*

## Die erste Saison

Nach der Free Agency ging es Schlag auf Schlag weiter und es folgte der erste Draft des Teams. Die Carolina Panthers tradeten ihren First Overall Pick in diesem Draft mit den Cincinnati Bengals gegen den fünften Pick der Runde 1 sowie den 36. Pick, da sie davon ausgingen, dass sie auch an fünfter Stelle noch ihren Wunschspieler draften konnten.

Dieser Plan ging auf und so wählten die Carolina Panthers mit Quarterback Kerry Collins ihren favorisierten Spielmacher. Dieser hatte während seiner Zeit auf dem College bei den Penn State Nittany Lions mehrere Rekorde gebrochen und kam mit der Empfehlung einer ungeschlagenen letzten Saison mit anschließendem Sieg im Rose Bowl. Es bestanden aus Sicht der Panthers kaum Zweifel, dass, wenn Collins dieses Talent auch nur ansatzweise in der NFL abrufen konnte, sowohl ihm als auch Carolina ein guter Start in die Liga glücken würde.

In den ersten Spielen ging der erfahrene Frank Reich als Starting Quarterback auf das Feld und führte sein Team beinahe direkt im Auftaktspiel gegen den Divisionsrivalen Atlanta Falcons zum ersten Sieg. Die Begegnung selbst war über die gesamte Spielzeit ausgeglichen und keines der Teams konnte sich entscheidend absetzen.

In den letzten Minuten des Spiels gelang den Carolina Panthers durch einen 44-Yard-Pass von Reich auf Willie Green der 19:20-Anschluss im Georgia Dome. Statt das Spiel mit einem Extrapunkt auszugleichen, entschied sich Head Coach Capers dazu, das Spiel durch eine Two-Point-Conversion für die Panthers gewinnen zu wollen. Doch leider gab es eine False-Start-Strafe, sodass die Wahrscheinlichkeit auf einen erfolgreichen Zwei-Punkte-Spielzug sank und die Panthers das Spiel durch einen geglückten Extrapunkt in die Nachspielzeit brachten.

Hier gewann Carolina sogar den Münzwurf, was in den meisten Fällen zur damaligen Zeit gute Chancen auf einen Sieg versprach. Leider wurde Frank Reich im ersten Drive in der eigenen Hälfte gesackt und verlor dabei den Ball, sodass die Falcons wenig Mühe hatten, den Ball in eine aussichtsreiche Position zu bringen und das Spiel per Field Goal für sich zu entscheiden.

Trotz dieser Niederlage weckte die Art und Weise, wie sich die Panthers bei diesem Spiel präsentierten, Hoffnung bei Fans und Spielern auf einen baldigen ersten Sieg.

Hierauf musste jedoch bis Woche 7 gewartet werden.

Nachdem Frank Reich die ersten drei Spiele für die Panthers starten durfte, übernahm Kerry Collins nach einer Bye Week in Woche 4 das Team als Starting Quarterback und konnte die folgenden zwei Spiele gegen Tampa Bay und Chicago deutlich enger gestalten, als es Reich in den Wochen vor der Bye Week gelungen war.

In Woche 7 traf man dann im heimisch gewordenen Memorial Stadium auf die ebenfalls recht glücklos gestarteten New York Jets. Auch dieses Spiel war, wie bereits das Spiel in Woche 1 gegen die Falcons, anfangs ausgeglichen. Im Verlauf des Spiels gelang es den Jets immer mehr, sich weiter, aber nicht entscheidend, abzusetzen.

Das Momentum kippte zugunsten der Panthers am Ende des zweiten Quarters. Bei einem zweiten Versuch und zehn Yards zu gehen, wollten die Jets mit einem kurzen Screen Pass Runningback Adrian Murrell einsetzen. Die Panthers wollten diesem Spielzug mit einem Blitz begegnen.

Den für die Jets entscheidenden Fehler beging ihr Guard Roger Duffy, der, anstatt seine Position zu halten, versuchte, einen freien Spieler der Panthers zu blocken und so eine Lücke in der Offensive Line entstand, die es Sam Mills ermöglichte, unberührt ins Backfield der Jets zu laufen. So gelang es ihm, den Ball noch vor dem Runningback abzufangen und ihn anschließend 36 Yards in die Endzone zum Touchdown zu tragen.

Die Jets fanden in der zweiten Hälfte nicht mehr zurück ins Spiel und es gelang ihnen lediglich noch ein Field Goal. Für die Panthers stand am Ende mit 26:15 der erste Sieg in der Franchisegeschichte in den Büchern und Dom Capers erhielt eine Gatorade®-Dusche von seinen Spielern.

In Woche 10 hatten die Panthers seit dem Sieg gegen die New York Jets kein Spiel mehr verloren und fuhren mit breiter Brust und ihrer kleinen Siegesserie von drei Spielen zum amtierenden Super Bowl Champion nach San Francisco.

Überraschenderweise wurden auch die 49ers in ihrem Heimstadion mit 13:7 besiegt, obwohl San Francisco am Ende des Spiels die Carolina Panthers mit knapp 200 Yards in der Offense übertraf. Der Defense der Panthers gelang es, den Ball gleich dreimal innerhalb der eigenen Fünf-Yard-Linie zu erobern, wodurch die gewonnenen Yards der 49ers nicht in Punkte umgemünzt werden konnten. Es war der erste Sieg eines Expansion Teams gegen den amtierenden Champion.

Am Ende der Saison sollten die Carolina Panthers weitere sechs Spiele gewinnen und beendeten ihre erste Saison mit einem Record von 7-9. Bis heute hat kein Expansion Team mehr Siege in der ersten Saison eingefahren.

Der Start des Franchise war geglückt und die ganze Region war hungrig nach mehr.

# 2 DER ERSTE PLAY-OFF RUN (1996)

In der zweiten Saison konnten die Carolina Panthers endlich in ihre designierte Heimstätte, das Ericsson Stadium, ziehen und die weiten Reisewege zu ihren Heimspielen waren Geschichte. Den Namen trug das Stadion bis 2004, ehe der Namensgeber wechselte und es in Bank of America Stadium umbenannt wurde.

In der Premierensaison fanden in der neu erbauten Heimstätte der Panthers 72.685 Fans Platz. Nach mehreren Umbau- und Modernisierungsmaßnahmen hat das Stadion aktuell 75.523 Plätze.

Nachdem General Manager Bill Polian bereits in seiner ersten Saison bei den Panthers ein glückliches Händchen im Aufbau des Teams bewiesen hatte, sollte er dies auch in der zweiten Saison bestätigen. Die Free-Agency-Periode der Saison 1996 kann rückblickend als einer der erfolgreichsten in der Geschichte des Franchise betrachtet werden.

Nachdem Backup Quarterback Frank Reich die Panthers nach nur einem Jahr in Richtung New York zu den Jets verließ, holten die Panthers Steve Beuerlein als Free Agent von den Jacksonville Jaguars als Ersatz. Dieser war im Jahr zuvor noch der erste Pick von Jacksonville im Expansion Draft gewesen, konnte sich dort jedoch nicht entscheidend durchsetzen und sollte bei den Panthers nun den Druck auf Kerry Collins hochhalten.

Als Anspielstation für den neuen Quarterback gelang es Polian, Tight End Wesley Walls zu verpflichten. Dieser war in der NFC West kein Unbekannter: 1989 in der zweiten Runde des NFL Drafts von den San Francisco 49ers gedraftet, gewann er direkt im ersten Jahr mit seinem Team den Super Bowl. Leider kam er über die Rolle eines Reservisten hinter All-Pro Tight End Brent Jones nicht hinaus und fiel zudem die komplette Saison 1992 und einen Großteil der Saison 1993 verletzungsbedingt aus.

1994 unterschrieb Walls bei den New Orleans Saints einen Zwei-Jahres-Vertrag und erhielt deutlich mehr Spielzeit, die er in beiden Jahren mit je vier Touchdowns nutzte.

In dieser Off-Season unterschrieb er nun einen Vertrag in Carolina und sollte vom Start weg einer der dominantesten Passempfänger für die Quarterbacks der Panthers werden. Seine sicheren Hände stellte er in seinen sieben Jahren in Charlotte beinahe in jedem Spiel unter Beweis, was ihm insgesamt fünf Pro-Bowl-Teilnahmen bescherte.

Im Juli 2019 wurde Wesley Walls aufgrund seiner großen Verdienste für die Carolina Panthers folgerichtig in die Hall of Honor des Franchise aufgenommen.

Als weiteren Schlüsselspieler konnte man Linebacker Kevin Greene von den Pittsburgh Steelers gewinnen. Der spätere Hall of Famer sollte in der Saison 1996 eine unglaublich dominante Rolle in der Defense der Panthers übernehmen, in der er mit Lamar Lathan das gefährlichste Outside-Linebacker-Duo der Liga, Spitzname *Salt & Pepper*, bildete. Gemeinsam konnten sie 28 Sacks für sich verbuchen und versetzten die gegnerischen Quarterbacks mit ihrem Pass Rush in Angst und Schrecken. Greene steht mit 160 Sacks in seiner Karriere ligaweit bis heute auf Platz drei der ewigen Liste dieser Kategorie.

Im Jahre 2020 verstarb Kevin Greene im Alter von nur 58 Jahren an einem Herzinfarkt.

Einen besonderen Free Agent gilt es an dieser Stelle noch zu erwähnen, obwohl seine Position in der Regel wenig Aufmerksamkeit erhält: Michael Bates wurde für das Special Team als Kick Returner verpflichtet.

## Michael Bates – der Unterschied in den Special Teams

Das Besondere an Michael Bates war sein Werdegang. In der Combine 1992 war er der Runningback, bei dem die schnellste Zeit gemessen wurde, was ihm natürlich Aufmerksamkeit verschaffte. Auch aufgrund dieser Tatsache wurde er im folgenden Draft von den Seattle Seahawks in der sechsten Runde gewählt, konnte sich mit diesen anschließend aber auf keinen Vertrag einigen und entschied, in diesem Jahr mit dem Footballspielen auszusetzen.

Im Sommer nahm er an den Olympischen Spielen in Barcelona teil und gewann die Bronzemedaille über den 200-Meter-Sprint. Zudem half ihm die Auszeit, seinen Körper vollständig auf die Belastungen der NFL vorzubereiten.

Im Frühjahr 1993 unterschrieb er dann seinen ersten, sehr leistungsbezogenen Vertrag bei den Seattle Seahawks und wurde dort vorwiegend als Backup Wide Receiver und im Special Team eingesetzt.

1995 wurde er von den Seahawks entlassen und von den frisch gebackenen Carolina Panthers verpflichtet, jedoch am nächsten Tag zu den Cleveland Browns im Austausch für Linebacker Travis Hill getraded. Beide Spieler sollten in ihren jeweiligen Teams in der Saison kaum eine Rolle spielen.

In der Off-Season 1996 holten die Panthers Bates zurück und er sollte seine Breakout- Season erleben. Im ersten Jahr trug er 33 Kicks für beinahe 1.000 Yards zurück, erreichte dabei einen Durchschnittswert von 30 Yards pro Return und erzielte damit einen Touchdown.

Diese Leistungen sollte er bis zum Jahr 2000 immer wieder in ähnlicher Form abrufen können, sodass er es in diesem Zeitraum in jedem Jahr in den Pro Bowl schaffte.

Im Anschluss an diese erfolgreichen Saisons unterschrieb er einen Zwei-Jahres-Vertrag in Washington, wo er an seine guten Leistungen anknüpfen konnte.

In der Off-Season 2002 kehrte er zu den Panthers zurück, brach sich in der Preseason jedoch den Knöchel, was ein frühes Saisonaus zur Folge hatte. Im Nachhinein hatte er immer wieder mit kleineren Verletzungen zu kämpfen und versuchte, seine Karriere bei den New York Jets und den Dallas Cowboys neu zu starten. Dies blieb jedoch nicht von Erfolg gekrönt, sodass er 2003 seine Karriere beendete.

Seine Leistungen bei den Carolina Panthers brachten Michael Bates die Ernennung in das NFL 1990s All-Decade-Team, in welches die besten Spieler des Jahrzehnts von der Jury der Pro Football Hall of Fame gewählt wurden.

**Michael Bates (1996-2000, 2002-2003)**

- *NFL Pro Bowl (1996, 1997, 1998, 1999, 2000)*
- *NFL 1990s All-Decade-Team*
- *Carolina Panthers Kick Return Touchdowns: 5*

## Der erste Titel

Im Draft des Jahres 1996 wurde in den ersten Runden weiter die Offense gestärkt. In der ersten Runde verpflichteten die Panthers Runningback Tshimanga „Tim" Biakabutuka, der mit der Empfehlung von 1.818 Rushing Yards in seiner letzten Saison am College in Michigan in den Draft ging. General Manager Bill Polian war begeistert, diesen Spieler an der achten Position zu bekommen, da er keinen Zweifel daran hatte, dass Biakabutukas Fähigkeiten ihn in der NFL weit bringen würden.

Leider kam es etwas anders. Obwohl er sich in seinen insgesamt sechs Jahren in der NFL, die er vollständig in Carolina verbrachte, zum Publikumsliebling entwickelte, konnte er nie die erhofften Leistungen für das Team erbringen, da er mit vielen Verletzungen zu kämpfen hatte. Er spielte in keiner Saison mehr als 12 Spiele und auch in seiner Rookie-Saison wurde der kräftige Runningback nach nur vier Spielen mit einer Knieverletzung auf die Injury-Reserve-Liste gesetzt.

Als weiteren Spieler wählten die Panthers den Wide Receiver Muhsin Muhammad. Dieser war im Draft in die zweite Runde gefallen, da es Gerüchte um Probleme abseits des Platzes am College gab, die mit dem Besitz von Marihuana und einer nicht registrierten Waffe zu tun hatten.

In seinen ersten beiden Jahren bei den Panthers brachte Muhammad nicht den gewünschten Impact, den man sich im Vorfeld von ihm erhoffte und er wurde vorwiegend als Backup eingesetzt.

Erst im Jahr 1998 gelang es ihm, sich die Rolle des Starters zu erkämpfen und mit sechs Touchdowns und fast 1.000 gefangenen Yards einen starken Eindruck zu hinterlassen. Von da an war der Knoten geplatzt und er erreichte 1999 und 2004 den Pro Bowl, wurde zudem 2004 Führender in der Rangliste der NFL der gefangenen Yards und Touchdowns des Jahres.

Insgesamt spielte Muhsin Muhammad 11 Jahre bei den Carolina Panthers, die lediglich durch einen dreijährigen Abstecher zu den Chicago Bears unterbrochen waren.

Die Panthers hatten sich in der Off-Season insgesamt stark verbessert und man hoffte, den Erfolg der vorangegangenen Saison wiederholen zu können.

Die ersten beiden Spiele gegen die Divisionrivalen Atlanta Falcons und New Orleans Saints konnten direkt gewonnen werden. Hierbei gelangen Kicker John Kasay in beiden Spielen je fünf Field Goals und die Offense schaffte es mühelos, den Punktestand auf über 20 Punkte zu bringen.

Nach einer Bye Week ging es gegen die stärkste Mannschaft der Division, die San Francisco 49ers. In diesem Spiel startete erstmals Steve Beuerlein und auch er führte seine Offense zu über 20 Punkten und zu einem weiteren Sieg. Ein entscheidender Faktor in diesem Spiel war die Carolina Defense. Den Panthers gelang es, die 49ers bei lediglich sieben Punkten zu halten und Star-Quarterback Steve Young viermal zu sacken.

Ungeschlagen fuhren die Panthers nach Jacksonville, wo Steve Beuerlein erneut den Vorzug vor Kerry Collins erhielt und er seinem vorherigen Arbeitgeber beweisen wollte, dass es ein Fehler war, ihn gehen zu lassen. Dies gelang leider nicht, da die Offensive Line der Panthers einen rabenschwarzen Tag erwischte und Beuerlein insgesamt fünf Sacks einstecken musste.

Nach dem letzten dieser Sacks war der Quarterback derart angeschlagen, dass er das Spiel nicht beenden konnte und im vierten Viertel durch Kerry Collins ersetzt wurde. Diesem gelang zwar noch ein Touchdown, doch die Zeit reichte für weitere Punkte nicht mehr aus und die Panthers mussten sich mit 24:14 geschlagen geben.

In der Woche darauf reisten die Panthers zu den Minnesota Vikings, die ebenfalls erst ein Spiel verloren hatten. Collins war der Starting Quarterback und es entwickelte sich ein Spiel, in dem beide Mannschaften nur wenige Punkte erzielten. Am Ende stand ein 14:12-Sieg für die Vikings auf der Anzeigetafel und der Record der Panthers rutschte auf 3-2 ab.

Es folgten zwei Heimspiele, in denen Carolina zurück in die Spur finden wollte. Dies gelang ihnen auf eindrucksvolle Weise. Erster Gegner waren die St. Louis Rams, die erst einen Sieg in der Saison verbuchen konnten und mit dem Rücken zur Wand standen. Die Panthers ließen von Beginn an keinen Zweifel daran, wer der Herr im Ericsson Stadium war, und die Rams wurden mit 45:17 gnadenlos überrollt.

Es gelang dem Team um Quarterback Kerry Collins erstmals in der Geschichte des noch jungen Franchise, mehr als 30 Punkte auf die Anzeigetafel zu bringen. Zudem erlief Kick Returner Michael Bates einen 93 Yards Return Touchdown und auch die Defense steuerte sechs Punkte zu dem Sieg bei, als Kevin Greene einen Fumble sicherte und den ball 66 Yards in die gegnerische Endzone trug.

Mit diesem Sieg im Rücken ging es nur eine Woche später erneut gegen die New Orleans Saints, die man bereits in der zweiten Woche geschlagen hatte. Auch dieses Spiel konnte gewonnen werden, was die Bilanz der Panthers mit fünf Siegen und zwei Niederlagen etwas freundlicher aussehen ließ.

Die Saints konnten erst zwei Siege für sich verbuchen und ihr Head Coach Jim Mora war mit seiner Offense, die lediglich sieben Punkte erzielen konnte, alles andere als zufrieden. Er verließ die Pressekonferenz nach dem Spiel mit einer Schimpftirade:

*„Nun, was passiert ist, war, dass wir im zweiten Spiel in den Arsch getreten wurden. In der zweiten Halbzeit wurden wir total vermöbelt. Offensiv konnten wir nichts machen ... gar nichts. Wir konnten kein First Down machen. Wir konnten den Ball nicht laufen lassen; wir haben nicht versucht, den Ball zu laufen. Wir konnten keinen Pass abschließen – wir waren schlecht. In der zweiten Halbzeit waren wir schlecht. Wir konnten den Lauf nicht stoppen. Jedes Mal, wenn sie den Ball bekamen, gingen sie zu Boden und erzielten Punkte. In der zweiten Halbzeit haben wir uns den Arsch aufgerissen – das war es dann auch schon. Es war eine beschissene Leistung in der zweiten Halbzeit. Scheißdreck. Es ist mir total peinlich und ich schäme mich total. Der Trainer hat einen furchtbaren Job gemacht. Die Spieler haben einen furchtbaren Job gemacht. Wir haben in der zweiten Halbzeit den Arsch versohlt bekommen. Es kotzt mich an. Es hat gestunken."*

Am nächsten Tag trat Mora von seinem Posten als Head Coach in New Orleans nach nicht ganz 11 Jahren zurück.

Woche 9 führte die Panthers nach Philadelphia. Leider gelang es ihnen nicht, ihre starke Form aus den Vorwochen zu konservieren und sie verloren die Partie gegen eine insgesamt gut eingestellte Mannschaft der Eagles.

Der nächste Gegner waren die noch sieglosen Atlanta Falcons, die sich bereits in Woche 1 den Panthers geschlagen geben mussten. Doch die Falcons hatten ihre Hausaufgaben gemacht und fanden immer wieder Lücken in einer löchrigen Offensive Line von Carolina, sodass es Atlanta gelang, sowohl Collins als auch Beuerlein, der Collins Ende des dritten Quarters ersetzte, insgesamt sechsmal zu Boden zu bringen. Dadurch gelang der Offense kaum ein richtiger Spielrhythmus, sodass man sich den Falcons knapp mit 20:17 geschlagen geben musste.

Diese Niederlage schien ein Wendepunkt für das Team der Panthers zu sein, die sich zusammenrauften und in der Folge die letzten sieben Spiele der Saison alle, zumeist mit herausragenden defensiven Leistungen, gewannen.

Am 1. Dezember 1996 schafften die Panthers beispielsweise den ersten Sieg der Franchisegeschichte ohne gegnerischen Punkt gegen die Tampa Bay Buccaneers mit 24:0.

Nur eine Woche später fuhren die Panthers dann erneut gegen den ärgsten Rivalen nach San Francisco, der seit 1992 immer Champion der Division war, seit 1980 sogar ganze 12-mal. In diesem Aufeinandertreffen ging es daher nicht nur um das Prestige, sondern auch um die Krone in der NFC West.

Und die beiden besten defensiven Mannschaften der Liga zündeten ein offensives Feuerwerk, bei dem die Quarterbacks beider Teams, Steve Young und Kerry Collins, es insgesamt auf unglaubliche 620 Passing Yards brachten.

Am Ende behielt Carolina mit einem 30:24 knapp die Oberhand und sicherte sich durch die zwei Siege im direkten Vergleich den Titel in der NFC West.

Im letzten Spiel der regulären Saison, das die Panthers mit 18:14 gegen den frisch gebackenen AFC Central Champion Pittsburgh Steelers gewinnen konnten, geschah dann noch eine Szene, die in den Rückblicken der Saison für den einen oder anderen Lacher gesorgt hat.

Im zweiten Quarter punteten die Pittsburgh Steelers den Ball in die gegnerische Hälfte von Carolina. Der Ball sprang in die Endzone – genau vor die Füße von Panthers Maskottchen Sir Purr, der mit einem Sprung auf das Feld hechtete und den Ball unter sich begrub.

Während die Spieler verdutzt auf die Szene blickten, bekam sich der Head Coach der Steelers, Bill Cowher, vor Lachen kaum noch ein. Dies blieb auch so, als die Schiedsrichter Sir Purr, der sich mittlerweile hinter einem Goal Post versteckt hatte, lediglich ermahnten, anstatt Carolina mit einer Flagge und der daraus folgenden 15-Yard-Strafe zu belegen.

So hat auch Sir Purr seinen Platz in den Geschichtsbüchern der Carolina Panthers verdient: Als erstes Maskottchen, das einen Punt gesichert hat und so vielleicht auch zu dem bis dato einzigen Sieg der Panthers gegen die Steelers beigetragen hat.

Die großartige Leistung in der regulären Saison verschaffte den Carolina Panthers in der ersten Runde der Play-offs eine Bye Week und somit die Möglichkeit, sich zu sammeln und auf ihr erstes Ausscheidungsspiel vorzubereiten.

Zur Divisional Round kam niemand Geringeres als der amtierende Super Bowl Champion, die Dallas Cowboys, ins Ericsson Stadium. Die Panthers waren somit trotz der Siegesserie am Ende der regulären Saison sowie des Heimvorteils knapper Außenseiter der Partie.

Doch die Defense der Carolina Panthers erwischte erneut einen Sahnetag. Sie konnten die Cowboys Offense bei lediglich 17 Punkten und Star-Quarterback Troy Aikman bei 165 Passing Yards halten. Zudem gelang es ihnen, den Ball dreimal abzufangen. So stand am Ende ein 26:17-Sieg auf der Anzeigetafel und die Panthers zogen ins NFC-Championship-Spiel ein.

Hier traf man nur eine Woche später im eiskalten Lambeau Field auf die Green Bay Packers, die als haushohe Favoriten in das Spiel gingen. Dieser Rolle wurden die Packers gerecht, denn sie dominierten das Spiel sowohl über das Lauf- als auch das Passspiel nach Belieben. Am Ende zogen die Panthers mit 30:13 gegen den späteren Super Bowl Champion den Kürzeren und verpassten den Einzug in das Endspiel.

Dennoch konnten sie stolz auf ihre Leistung in der erst zweiten Saison des Franchise sein, das sowohl acht Spieler zum Pro Bowl schickte als auch Dom Capers den Titel *NFC Coach of the Year* einbrachte.

# 3 EIN TRAGISCHES JAHR (1997)

1997 wollten die Carolina Panthers die erfolgreiche Vorsaison bestätigen. Hierzu war es notwendig, bei der Spielerverpflichtung im Draft weiter ein gutes Händchen zu beweisen. Dies gelang jedoch nur teilweise.

In der ersten Runde wählten die Carolina Panthers an 27. Stelle Wide Receiver Rae Carruth.

In der zweiten Runde verstärkten die Panthers mit Safety Mike Minter ihre starke Defense. Zwar sollte Minter in seiner zehnjährigen Karriere, die er vollständig in Carolina verbrachte, keine individuellen Auszeichnungen erhalten, war aber in dieser Zeit auf seiner Position ein Starter, der stets mit gutem Beispiel voranging und an dem sich seine Teamkollegen jederzeit aufrichten konnten. Während der ersten Super-Bowl-Teilnahme der Panthers in der Saison 2003 brach er sich im dritten Quarter den Fuß, spielte das Spiel jedoch zu Ende und verzeichnete am Ende 18 Tackles.

Nach dem Draft holten sich die Panthers mit dem nicht gedrafteten Fred Lane weitere Hilfe auf der Position des Runningbacks, da man nicht sicher sein konnte, wie fit Tim Biakabutuka von seiner Verletzung zurückkehren würde.

Dieser Plan ging auf und Lane führte die Panthers in seiner Rookie-Saison in Laufversuchen, gelaufenen Yards und Touchdowns an. Dies konnte er in der Folgesaison sogar wiederholen.

Insgesamt sollte Lane drei Jahre in Carolina spielen, bevor er zu den Indianapolis Colts getraded wurde. Für die Colts spielte er jedoch kein einziges Spiel, da Lane kurz nach diesem Trade am 06. Juli 2000 von seiner Frau Deidra aus kurzer Distanz mit zwei Schüssen aus einer Schrotflinte erschossen wurde.

Vor Gericht gab ihr Verteidiger an, dass Fred Lane seine Frau über Jahre misshandelt habe und sie ihn aus Notwehr tötete. Der Staatsanwalt aber hatte Zweifel daran und vermutete, dass der Mord aus Habgier geschah, weil Deidra Lane die Summe aus der Lebensversicherung ihres Mannes kassieren wollte.

Der Richter verurteilte Deidra Lane schließlich zu sieben Jahren und 11 Monaten und stellte dabei fest, dass sie vorsätzlich und böswillig gehandelt habe, da der zweite Schuss ihren wehrlosen Mann in den Hinterkopf getroffen hatte.

Die Saison der Panthers verlief im Anschluss an diese Verpflichtungen nicht so erfolgreich, wie erhofft. Zwar gelang es Carolina, das erste Monday Night Game in der Geschichte der Franchise mit 23:13 gegen die Dallas Cowboys zu gewinnen, dennoch schlichen sich erste Störfaktoren in das ansonsten stark gewachsene Mannschaftsgefüge ein.

So blieb dem Team nicht verborgen, dass Quarterback Kerry Collins an seinen freien Abenden gerne durch die Bars zog und dabei zunehmend dem Alkohol verfiel. Auch im Training fiel der Spielmacher auf, da er einige Male rassistische Dinge vor sich hinfluchte, für die er sich mehrfach bei seinen Mannschaftskameraden entschuldigen musste. Diese standen weiterhin hinter Collins, doch derartige Verfehlungen hinterlassen in einer Mannschaft häufig tiefe Risse.

Abschließend erreichten die Carolina Panthers sieben Siege bei neun Niederlagen und fanden sich hinter den San Francisco 49ers auf Platz zwei der NFC West wieder. Für die Play-offs war dies zu wenig.

## Der Fall Rae Carruth

Alle Panthers-Fans der frühen Jahre denken, wenn sie den Namen Rae Carruth hören, nicht an eine Erfolgsstory, sondern an eines der dunkelsten Kapitel in der Geschichte der Carolina Panthers – Rae Carruth war der erste aktive Spieler in der NFL, der wegen Mordes angeklagt wurde.

Aufgewachsen in Sacramento, Kalifornien, führte Rae ein unauffälliges und geordnetes Leben. Er war höflich, klug, trank weder Alkohol noch nahm er sonstige Rauschmittel zu sich und war fokussiert auf seine Leidenschaft – Football.

Bereits auf der Highschool stach Carruth in seiner Altersklasse durch seine größte Stärke hervor: seine unglaubliche Schnelligkeit. Dies setzte sich im College, wo er für die Colorado Buffaloes spielte, fort, was ihn letztlich zum dritten First Round Pick in der Geschichte der Carolina Panthers machte.

In seinem ersten Jahr für die Panthers spielte Carruth eine ordentliche Rookie-Saison. Er startete in 14 Spielen, fing 44 Pässe für 545 Yards und vier Touchdowns und wurde in das All-Rookie-Team gewählt.

Rae Carruth hatte mit seinem Eintritt in die NFL buchstäblich alles: Er war jung, reich und durch seine höfliche Art und sein gutes Aussehen ein echter Frauenmagnet. Letzteres war er schon immer gewesen, was einige Herausforderungen mit sich brachte.

Bereits 1994 brachte seine ehemalige Highschoolliebe Michelle Wright einen Sohn zur Welt. Rae ging zu dieser Zeit bereits auf das College und andere Themen bestimmten sein Leben. Ein Kind passte nicht zu seinen Plänen, daher war er nicht bei der Geburt anwesend und es benötigte eine Klage, um ihn zu monatlichen Unterhaltszahlungen von knapp 3.000 US-Dollar zu verpflichten.

Wright berichtete ebenfalls, dass Carruth zwei Gesichter besaß: „Liebe mich am Dienstag, hasse mich am Mittwoch!"

Kurz nach seiner Ankunft in Carolina 1997 wurde Amber Turner, eine weitere Bekanntschaft, von ihm schwanger. Auf Carruths Drängen hin brach sie die Schwangerschaft jedoch ab.

Im Juni 1998 lernte der aufstrebende NFL-Star auf einer Poolparty, auf der auch noch andere Sportler anwesend waren, Cherica Adams kennen. Sie unterhielten sich die ganze Nacht und Cherica verliebte sich in ihn. Laut Chericas Mutter, Saundra Adams, bemühte sich Rae sehr um ihre Tochter. So schenkte er ihr als Beispiel ein Handy, was zu der damaligen

Zeit noch keine Selbstverständlichkeit war, um die als Immobilienmaklerin arbeitende Cherica erreichen zu können, wenn diese beruflich unterwegs war.

Carruth jedoch gab später in einem 15-seitigen Brief an die Presse bekannt, dass er und Cherica Adams nie ein Liebespaar waren, sondern ihre Beziehung auf rein sexueller Basis stattfand.

Beim Eröffnungsspiel der neuen Saison brach sich Carruth den Fuß. Diese Verletzung zwang ihn dazu, das komplette Jahr auszusetzen und der schnelle Receiver konnte nicht an die Leistung seiner Rookie-Saison anknüpfen, was seine Zukunft ein wenig unsicherer machte. Er hatte sich gerade erst ein Haus und zwei Autos gekauft und zudem eine Menge Geld bei einem Investment verloren.

Das Problem war nun, dass ihm lediglich der Signingbonus in Höhe von 1,3 Millionen US-Dollar garantiert war und er kein Geld verdiente, wenn er nicht auf dem Footballfeld stand. Er gab somit das Geld schneller aus, als es reinkam.

Im Team der Carolina Panthers galt er außerdem als Einzelgänger und hatte dadurch keine wirklichen Freunde, mit denen er sich abseits des Platzes traf.

Und so lernte er außerhalb des Sports neue Freunde kennen, die leider keinen positiven Einfluss auf ihn hatten. Einer davon war Van Brett Watkins.

Watkins, Manager eines Nachtklubs, erledigte in der Folgezeit kleinere Jobs für Carruth und wusch zum Beispiel seinen Wagen. Als der Spieler der Carolina Panthers im Sommer 1999 erfuhr, dass Cherica Adams ein Baby von ihm erwartete, änderte sich laut Watkins die Art der Jobs.

Anfangs bat ihn Carruth lediglich, Adams zu überwachen. Später hieß sein Auftrag, sie anzugreifen und zu verletzen, sodass sie ihr ungeborenes Kind verlieren würde.

Carruth bereitete hierfür sogar verschiedene Szenarien vor. Eines davon sah vor, dass er sich die Schlüssel zu Chericas Apartment besorgen wollte, damit Watkins sich in ihre Wohnung schleichen und sie die Treppe hinunterstoßen könnte. Van Brett Watkins, der den Spitznamen New York trug und bereits einiges auf dem Kerbholz hatte, bekam jedoch Skrupel und lehnte den Auftrag ab.

Am 15. November 1999 lud Rae Cherica auf ihr erstes richtiges Date ins Kino ein. Cherica war laut ihrer Mutter überglücklich darüber und erhoffte sich den Beginn einer echten Partnerschaft, die in einer glücklichen Familie gipfelte. Sie konnte nicht ahnen, dass sich Carruth im Vorfeld des Dates mit seinen Freunden traf und einen Plan schmiedete, wie sie Cherica nach dem Besuch im Kino kaltblütig ermorden konnten.

Nach dem Film fuhren die beiden zurück zu Raes Haus. Kurz vor ihrer Abfahrt aus dem Kino hatte Carruth seine Freunde telefonisch kontaktiert, um diesen mitzuteilen, dass alles nach Plan verlief. Sie wären nun auf dem Weg zu ihm und er würde dort einen Vorwand erfinden, um in zwei getrennten Fahrzeugen zu Adams Apartment zu fahren.

Bei Raes Haus angekommen, stieg Carruth in seinen Wagen und fuhr vorneweg. Cherica, die in ihrem schwarzen BMW hinter ihm fuhr, bemerkte nicht, dass sich Carruths Freunde bereits an ihre Fährte geheftet hatten.

Es war kurz nach Mitternacht, als Carruth seine Fahrt plötzlich verlangsamte und stoppte, und Cherica auch ihren Wagen zum Halten bringen musste. Der Wagen von Carruths Freunden setzte jedoch zum Überholen an, hielt direkt neben Chericas BMW – und Van Brett Watkins feuerte von der Rückbank fünf Schüsse auf Cherica Adams, von denen sie vier trafen und sie lebensgefährlich verletzten. Der Schütze sagte später aus, dass Carruth in den Rückspiegel sah und lächelte, bevor er davonfuhr.

Cherica Adams starb in dieser Nacht jedoch nicht. Sie brachte gerade noch die Kraft auf, den Notruf zu wählen – mit dem Handy, das Rae ihr geschenkt hatte. Sie beschrieb der Einsatzzentrale nicht nur ihren genauen Aufenthaltsort, sondern identifizierte Carruth auch als Anwesenden während des Anschlags auf ihr Leben.

75 Minuten, nachdem die Schüsse gefallen waren, brachten die Ärzte im Krankenhaus den Sohn von Cherica Adams und Rae Carruth zur Welt – 10 Wochen zu früh und mit irreparablen Hirnschäden, die durch den Sauerstoffmangel unter der Geburt verursacht wurden.

Cherica selbst wurde stundenlang notoperiert. Nachdem sie aufgewacht war, konnte sie sich lediglich mit Zettel und Stift verständigen, da sie weiter intubiert werden musste. Auf die Frage, ob Carruth in das Drive-by-Shooting involviert war, antwortete sie mit einem „?". Allerdings schrieb sie ebenfalls: „Er fuhr vor mir und stoppte mitten auf der Straße. Ein Auto fuhr neben mich, er blockierte mein Fahrzeug, fuhr nach den Schüssen weg und kam nicht mehr zurück."

Da sich Cherica Adams Zustand nicht signifikant verbesserte, versetzten sie die Ärzte in ein künstliches Koma.

Laut Van Brett Watkins, der in New York untergetaucht war, rief Carruth ihn zu dieser Zeit täglich wütend an und forderte ihn auf, zurückzukommen und seine Tat zu vollenden. Vermutlich bekam er Angst, dass Cherica sich wieder erholen würde und zu einer Aussage fähig wäre.

Also machte sich Watkins auf den Weg zurück nach North Carolina, wo er im gleichen Motel in der Nähe des Flughafens abstieg, in dem er auch zum Tatzeitpunkt untergekommen war. Dies sollte sein entscheidender Fehler werden, denn die Polizei observierte eben jenes Motel, nachdem sie Carruths Anrufe zu Watkins kurz vor der Tat zurückverfolgt hatte.

Watkins ließ sich widerstandslos zur Befragung mit auf das Revier nehmen. Während des Verhörs wurde ihm schnell klar, dass die Polizei ihn als Einzigen verdächtigte. Und so packte er aus.

Bereits während des Verhörs von Watkins fuhren Beamte zu Carruths Haus und nahmen ihn vorläufig fest. Er wurde nach 11 Tagen gegen Zahlung einer Kaution von drei Millionen US-Dollar entlassen, allerdings mit der Auflage, dass er den Großraum Charlotte bzw. Mecklenburg County nicht verlassen dürfe und sich umgehend stellen müsse, sollten Cherica oder sein Sohn Chancellor sterben.

Am 14. Dezember 1999 entschied Saundra Adams auf Anraten der Ärzte, die lebenserhaltenden Geräte ihrer Tochter abzuschalten. Cherica starb.

Als Carruth von ihrem Tod erfuhr, setzte er sich direkt mit Wendy Cole, einer Freundin der Familie Carruth, die unter anderem gelegentlich auf Raes Hunde während seiner Auswärtsspiele achtete, in Verbindung. Er wusste, dass sie einen Trip nach Kalifornien plante und bat sie, ihn mitzunehmen. Noch am selben Tag stieg Carruth in den Kofferraum von Coles Toyota. Bei sich hatte er lediglich ein paar lose Klamotten, Powerriegel, Sportdrinks und 4.000 US-Dollar in bar.

Auf ihrer Fahrt nach Kalifornien machte Wendy Cole am Abend eine Pause im Best Western Motel in Tennessee. Sie war müde und hatte Zweifel an ihrer Rolle in dieser Geschichte. Sie half Freunden gerne - aber einen möglichen Mörder zu decken, überschritt eine Grenze.

Sie rief Raes Mutter Theodry Carruth an und berichtete ihr, dass es Rae gut ging, er jedoch große Angst hatte. Carruth selbst befand sich nach wie vor im Kofferraum des Fahrzeugs.

Im Anschluss an dieses Telefonat kontaktierte Theodry die Polizei und gab ihnen den entscheidenden Tipp zur Ergreifung ihres Sohnes, da sie Angst hatte, dass Rae verletzt werden würde, wenn die Jagd noch länger andauern würde.

Da die Flucht über die Staatsgrenze hinausging, war nun das FBI zuständig und sie fuhren zum besagten Motel in Tennessee. Dort angekommen, befragten sie Cole in ihrem Zimmer. Nachdem klar war, dass sich Carruth nach wie vor im Kofferraum ihres Wagens befand, gingen alle nach draußen zu dem Fahrzeug. Cole erklärte Carruth durch die geschlossene Kofferraumklappe die Situation und bat ihn, keinen Widerstand zu leisten. Anschließend öffnete das FBI den Kofferraum und nahm Carruth ohne Schwierigkeiten fest.

Im Verlauf des Prozesses stellte Carruth den Tathergang anders als von Watkins geschildert dar. Er beschrieb, dass er sich auf einen Drogendeal mit Watkins eingelassen hatte. Er hätte zugesagt, Watkins zur Beschaffung von Drogen 10.000 US-Dollar geben zu wollen. Als der Deal kurz bevorstand, hätte Carruth jedoch sein Angebot zurückgenommen und sich so den Zorn von Watkins zugezogen. Der Anschlag auf Cherica Adams galt laut Carruth ihm und er habe daraufhin einige falsche Entscheidungen getroffen.

Seine Geschichte hatte jedoch Lücken. So erklärte Carruth unter anderem, dass er in der Tatnacht nicht vor Ort gewesen sei, obwohl die Polizei seine Anwesenheit mittels Triangulation seines Handys nachgewiesen hatte. Erst Jahre später gab Carruth zu, bei den Schüssen auf Cherica Adams in unmittelbarer Nähe gewesen zu sein, jedoch aufgrund der unmittelbaren Bedrohung seines Lebens durch Watkins die Flucht ergriffen habe.

Van Brett Watkins wurde des Mordes an Cherica Adams für schuldig befunden und zu 40 Jahren und acht Monaten Gefängnis verurteilt.

Rae Carruth wurde von der Jury in dem Verfahren zwar der Verschwörung zum Mord, des Schießens auf ein besetztes Fahrzeug und der Verwendung einer Waffe zur Ermordung eines ungeborenen Kindes für schuldig befunden, nicht jedoch für Mord ersten Grades. Dies ersparte ihm nicht nur mehrere Jahre Gefängnis, sondern auch die Todesstrafe.

Am 22.10.2018 wurde Rae Carruth nach 19 Jahren im Gefängnis entlassen.

Entgegen allen Prognosen überlebte Chancellor Lee Adams den furchtbaren Mordanschlag auf seine Mutter schwerbehindert. Die Ärzte hatten jedoch kaum Hoffnung, dass er je sprechen oder laufen können würde. Aber der Kampfeswille des heute jungen Mannes, der von Cherica Adams Mutter Saundra aufgezogen wurde, war riesengroß. So kann er sich heute nicht nur mithilfe eines Rollators fortbewegen und kommunizieren, er machte 2021 auch seinen Abschluss an der Julius B. Chambers High School in North Carolina.

# 4 ALLES BRICHT ZUSAMMEN (1998)

Vor der Saison 1998 arbeitete das Front Office der Carolina Panthers an einem Trade mit den Indianapolis Colts, um einen Neustart auf der Position des Quarterbacks vollziehen zu können. Zwar war man mit der Leistung von Kerry Collins auf dem Feld durchaus zufrieden, die Probleme abseits des Platzes brachten jedoch Unruhe in die Mannschaft.

Mit Bill Polian war zudem Collins Förderer vor der Saison von Carolina als General Manager nach Indianapolis gewechselt, sodass ein Trade durchaus realistisch war. Im Gegenzug zum Wechsel von Kerry Collins zu den Colts wollten die Panthers den First Overall Pick im kommenden Draft, den Indianapolis innehatte.

Am Ende konnte man sich nicht auf einen Trade einigen und Collins blieb bei den Carolina Panthers. Die Indianapolis Colts hingegen wählten an erster Position im Draft den späteren Hall of Famer Peyton Manning und erlebten mit diesem viele erfolgreiche Jahre.

Den Panthers, für die Dom Capers nach dem Abgang von Bill Polian den Posten des General Managers interimsweise mit übernahm, gelang es in dieser Off-Season weder im Draft noch in der Free Agency, die Mannschaft entscheidend zu verstärken. Die einzig namhafte Verpflichtung war der Defensive Lineman Sean Gilbert, ein ehemaliger First Round Pick der St. Louis Rams. Dieser war zwischenzeitlich nach Washington getraded worden und von dort für die beiden nächsten First Round Picks der Panthers nach Carolina gewechselt, wo er einen Sieben-Jahres-Vertrag unterschrieb.

Dieser Trade sollte sich, gemessen an dem, was man für den Spieler abgab, nie wirklich für die Panthers auszahlen. Zwar startete Gilbert in seiner ersten Saison in Carolina in allen 16 Spielen, war jedoch nie der dominante Spieler, den man erwartete zu bekommen, als man ihn zum bestbezahlten Defensive Lineman der Liga machte.

Seine Leistung nahm in den Folgejahren sogar noch ab und ab der Saison 2001 kamen auch noch diverse, teils schwere Verletzungen hinzu, weshalb Gilbert nach fünf Jahren letztlich entlassen wurde.

Die Saison selbst verlief alles andere, als erhofft. Neben schlechten Ergebnissen wurden auch Probleme innerhalb der Mannschaft immer deutlicher.

Nachdem die Panthers die ersten vier Spiele verloren hatten, ging Quarterback Kerry Collins ins Büro von Head Coach Dom Capers und teilte diesem mit, dass er sich aktuell nicht auf Football konzentrieren könnte, da er unglücklich sei und nicht mit dem Herzen bei der Sache wäre. Die Panthers entließen Collins daraufhin und Beuerlein übernahm das Team als Starting Quarterback.

Collins, der im Waiver Wire von den New Orleans Saints gepickt wurde, sagte später, dass es niemals sein Wunsch war, die Panthers zu verlassen, sondern er lediglich eine Auszeit bekommen wollte. Capers interpretierte das Gesuch jedoch als Kündigung und so blieb ihm keine andere Möglichkeit als die Entlassung, da Collins mit seiner Aussage das Team im Stich ließ.

Rückblickend gab Kerry Collins zu, dass ein Großteil seines unberechenbaren Verhaltens auf sein Alkoholproblem zurückzuführen sei. Dies war mittlerweile auch der Öffentlichkeit nicht verborgen geblieben, da er später in diesem Jahr wegen Trunkenheit am Steuer verhaftet wurde. Die NFL ordnete daraufhin an, dass sich Collins wegen seines Alkoholmissbrauchs in Behandlung begeben müsste, um seine Karriere fortsetzen zu dürfen.

Ein weiterer Skandal ereignete sich bei der Niederlage gegen Washington in Woche 15. Nachdem Linebacker Coach Kevin Steele seinem Führungsspieler Kevin Greene nach einem Spielzug an der Seitenlinie ein paar deutliche Worte ins Gesicht sagte, packte der aufgebrachte Greene seinen Coach im Nacken und schubste diesen anschließend rückwärts.

Capers sprach noch an Ort und Stelle mit den beiden und ließ Greene in der folgenden Serie wieder auf das Feld. - Ein absolutes No-Go, da Capers so nach außen signalisierte, nicht hinter seinem Assistenztrainer zu stehen und dessen Position damit schwächte. Zwar wurde Greene nach dem Spiel von Capers für das nächste Spiel suspendiert und der Linebacker entschuldigte sich öffentlich sowohl bei Steele als auch bei den Fans, der durch diese Aktion entstandene Schaden war aber nicht reparierbar.

Am Ende dieser chaotischen Saison konnten die Carolina Panthers lediglich vier Spiele siegreich bestreiten, was ihnen den vierten Platz in der Division einbrachte. Zudem wurde Head Coach Dom Capers entlassen und George Seifert übernahm die Stelle des hauptverantwortlichen Trainers.

## Head Coach George Seifert – eine erfolglose Verbindung

Mit George Seifert holten sich die Carolina Panthers einen der erfolgreichsten Trainer der jüngeren Geschichte. In seinen insgesamt 17 Jahren bei den San Francisco 49ers, in denen er sich kontinuierlich vom Defensive Backs Coach über den Posten des Defensive Coordinators bis letztlich zum Head Coach hocharbeitete, gewann er fünfmal den Super Bowl und wurde für seine herausragenden Verdienste für das Franchise 2014 in die San Francisco 49ers Hall of Fame aufgenommen.

Nach der Saison 1996 entschieden sich die 49ers jedoch, einen neuen Head Coach vom College zu verpflichten und boten Seifert an, nach acht Jahren auf der Stelle des Cheftrainers dem Team weiter als Offensive Coordinator erhalten zu bleiben. Dies lehnte George Seifert jedoch ab und kündigte daraufhin seinen Vertrag. Nach einer zweijährigen Pause unterschrieb er dann ab der Saison 1999 bei den Carolina Panthers als Head Coach und übernahm zudem die Rolle des General Managers, die seit dem Abgang von Polian ein Jahr zuvor bisher unbesetzt geblieben war.

Bei den Panthers konnte der seinen Spielern gegenüber eher distanzierte Seifert nicht an seine erfolgreiche Zeit bei den 49ers anknüpfen. Gemeinsam mit dem späteren Head Coach Matt Rhule ist George Seifert der einzige Head Coach, der bei den Carolina Panthers weder eine Winning Season erreichen konnte noch in einem Play-off-Spiel gecoacht hat. Folgerichtig wurde er 2001 von Teambesitzer Jerry Richardson nach drei Jahren entlassen.

## 5 DAS WARTEN GEHT WEITER (1999)

Da die Carolina Panthers im Draft der Saison 1999 aufgrund des Trades von Sean Gilbert im Vorjahr keinen Draftpick in der ersten Runde hatten, gelang ihnen lediglich eine nennenswerte Verpflichtung. In der zweiten Runde verstärkte man sich mit Defensive End Mike Rucker von den Nebraska Cornhuskers, mit denen er 1995 und 1997 die National Championship gewonnen hatte. Rucker sollte in seiner neunjährigen NFL-Karriere, die er komplett in Carolina verbrachte, ein Ankerpunkt in der Defense der Panthers werden.

Ohne weitere namhafte Neuzugänge ging es dann mit neuem Head Coach in die Saison mit dem Ziel, den Record aus dem Vorjahr zu verbessern. Nach einer durchwachsenen Saison, in der es dem Team nur zweimal gelang, zwei aufeinanderfolgende Spiele zu gewinnen, fanden sich die Carolina Panthers auf Platz zwei der Division mit acht Siegen bei acht Niederlagen wieder und verpassten somit erneut die Play-offs.

Lichtblick der Saison war der neue Starting Quarterback Steve Beuerlein, dem es gelang, Passing Leader der NFL zu werden und sich so die Teilnahme am Pro Bowl verdiente. Zudem sorgte er in Woche 14 für den Spielzug der Saison für die Carolina Panthers: Im Lambeau Field lagen die Panthers gegen die Green Bay Packers mit 31:27 in Rückstand.

Auf der Uhr waren lediglich noch fünf Sekunden Spielzeit, der Ball befand sich auf der gegnerischen Fünf-Yard-Linie und die Panthers standen bei ihren vierten Versuch. Es kam also alles auf den letzten Spielzug an und ein Touchdown musste her.

Beuerlein, ein klassischer Pocket Passer, erhielt den Ball, lief einige Schritte zurück, um einen Passspielzug anzutäuschen, ehe er den Ball sicherte und die verbliebenen fünf Yards zum vielumjubelten 33:31-Sieg der Panthers in die Endzone lief.

## ★ III ★

# DIE 2000ER-JAHRE

**2001**
15 Spiele in Folge verloren
Head Coach George Seifert wird entlassen.

**2002**
**John Fox**
wird neuer Coach.
**Carolina Panthers**
nun in der NFC South

**2003**
**NFC South Champion (11-5)**
**NFC Champion**
**Super Bowl XXXVIII**
Carolina Panthers vs.
New England Patriots (29:32)

**2005**
**Regular Season (11-5)**
Wild Card Round at New York Giants (23:0)
Divisional Round at Chicago Bears (29:21)
NFC Championship Game at Seattle Seahawks (14:34)

**2008**
**NFC South Champion (12-4)**
Divisional Round vs. Arizona Cardinals (13:33)

**2010**
Schlechtester Record in der NFL (2-14)
Head Coach John Fox wird entlassen.

# 1 TRETEN AUF DER STELLE (2000)

Die Saison 2000 startete für die Carolina Panthers, wie die alte endete: im Mittelmaß der NFC West. Das Team blieb ohne nennenswerte Neuzugänge im Draft, konnte jedoch den späteren Hall of Fame Defensive End Reggie White davon überzeugen, aus seinem Ruhestand zu treten und die Defense der Panthers zu verstärken.

White, der von 1986 bis 1998 jedes Jahr am Pro Bowl teilnahm, startete in allen 16 Spielen der Saison für Carolina und konnte dabei fünfeinhalb Sacks sowie einen erzwungenen Fumble zu den Statistiken der Defense beisteuern. Nach diesem einen Jahr hing Reggie White seine Schuhe endgültig an den Nagel.

Insgesamt schaffte es das Team von George Seifert nicht, die Bilanz des Vorjahrs von acht Siegen und acht Niederlagen zu verbessern und die Panthers beendeten die Saison mit lediglich sieben Siegen auf Platz drei der Division. Zu diesem Zeitpunkt konnte niemand ahnen, dass es in der nächsten Saison sogar noch weiter bergab gehen sollte.

# 2 ERSTE HOFFNUNGSSCHIMMER (2001)

Die Saison 2001 begann vielversprechender. Bereits der Draft, der aufgrund der hohen Qualität der ausgewählten Spieler einer der besten in der Geschichte der Carolina Panthers werden sollte, machte Hoffnung auf eine bessere Zukunft. So konnte das Front Office um Marty Hurney mit dem 11. Pick Linebacker Dan Morgan verpflichten, der bereits in seinen drei Jahren auf dem College für die Miami Hurricanes mit insgesamt 532 Tackles auf sich aufmerksam machen konnte.

Er hatte das Potenzial, einer der besten Linebacker der NFL zu werden, was er auch unter Beweis stellte, wenn er den Platz betrat. Doch das tat er in seiner sieben Jahre andauernden Karriere bei den Panthers lediglich zu ungefähr 50 Prozent seiner Zeit. Von 112 Spielen in den regulären Saisons verpasste er ganze 53 Spiele aufgrund unterschiedlicher Verletzungen.

Seit 2021 arbeitet Dan Morgan als Assistant General Manager wieder für die Carolina Panthers.

Einen echten Führungsspieler, der sich auch nicht scheute, mit seinen Teamkollegen Klartext zu reden, konnte man in der zweiten Runde dazugewinnen. Mit seinen knapp 180 Kilogramm auf 1,93 Meter verteilt, war Defensive Tackle Kris Jenkins eine außergewöhnliche Erscheinung. Obwohl er mit seinem Gewicht zeitweise sogar an die 200 Kilogramm auf die Waage brachte, war er ein sehr athletischer Spieler, der nur schwer aus der Balance gebracht werden konnte. Diese Eigenschaften sollten ihn in seinen acht Jahren bei den Carolina Panthers, von denen er allerdings zwei Spielzeiten aufgrund von Verletzungen nahezu komplett verpasste, zu einer tragenden Säule werden lassen.

Da Head Coach George Seifert sich dazu entschied, auf der Position des Quarterbacks einen jüngeren und agileren Spieler zu holen, draftete Carolina in der vierten Runde Chris Weinke von der Florida State University. Dieser sollte Steve Beuerlein ersetzen, welcher später in der Off-Season entlassen wurde, und die Panthers in eine neue Ära führen.

Im ersten Spiel der Saison sorgte zunächst einmal ein anderer Rookie für Aufsehen. Dritt-Runden-Pick Steve Smith gelang mit seiner ersten Ballberührung als Profi direkt ein 93-Yard Kick-off-Return-Touchdown. Dies war ein gelungener Auftakt und die Panthers gewannen das Spiel gegen die Minnesota Vikings mit 24:13.

Leider folgte auf diesen Sieg im ersten Saisonspiel eine beispiellose Niederlagenserie. In allen weiteren Spielen der Saison mussten sich die Carolina Panthers geschlagen geben und wurden somit das erste Team in der Geschichte der NFL, welches 15 Spiele in Folge während einer Saison verlor.

Dieses Ende der Saison sorgte nicht nur dafür, dass im letzten Spiel lediglich circa 16.000 Fans den Weg in das damals 73.250 Zuschauer fassende Ericsson Stadium fanden, es besiegelte auch die Entlassung des erfolglosen Head Coachs George Seifert.

## Steve Smith – die Legende von Freddie Krueger

Steve Smith ist der beste Spieler in der Geschichte der Carolina Panthers – vielleicht auch nur der zweitbeste, wenn es nach Smith selbst geht, der Sam Mills klar auf Platz eins sieht.

Dies ist allerdings eine der wenigen bescheidenen Aussagen, zu denen sich der kleine, aber kräftige Receiver hinreißen ließ. Denn ansonsten zeichnete ihn hauptsächlich eine riesige Portion Selbstbewusstsein aus, die für ein gesamtes Footballteam gereicht hätte. Gepaart mit seiner „kompetitiven Arroganz", wie es sein ehemaliger Teamkollegen Jordan Gross ausdrückte, machte ihn das zu einem der gefährlichsten Passempfänger seiner Zeit.

Natürlich konnte Steve Smith weitere Eigenschaften wie Geschwindigkeit, Route-Running, eine unglaubliche Sprungkraft sowie einen gefürchteten Stiff-Arm in die Waagschale werfen, mit denen er seine geringe Körpergröße von 1,75 Meter mehr als wettmachte.

Alle diese Stärken führten dazu, dass General Manager Marty Hurney den Passempfänger der Utah Utes in der dritten Runde des 2001er-Drafts zu den Carolina Panthers holte.

Während der Verhandlung des Rookie-Vertrags bekam Hurney direkt das Selbstbewusstsein seines neuen Spielers zu spüren. Smith, der mit dem ihm angebotenen Vertrag nicht zufrieden war, sagte zu ihm:

*„Marty, ich werde der beste Spieler sein, den ihr jemals hierherbekommen werdet. Ich bin der beste Spieler, den ihr je im Draft bekommen werdet. Es spielt für mich keine Rolle, was andere Leute gemacht haben. Ich weiß, wie gut ich bin."*

Sichtlich irritiert, aber dennoch scheinbar beeindruckt, antwortete Hurney lediglich: „Nun, ich hoffe es", und legte Steve Smith ein verbessertes Angebot vor, was dieser schließlich unterschrieb.

In seinem ersten Jahr in Carolina wurde der Rookie hauptsächlich als Punt und Kick Returner eingesetzt. Am Ende der Saison führte Smith die Rookies seiner Klasse mit 1.994 Total Yards an, womit er sich nicht nur im ersten Jahr die Teilnahme am Pro Bowl verdiente, sondern in der darauf folgenden Saison ebenfalls zu einem Starting Receiver seiner Franchise wurde.

In der Saison 2003 spielte sich Steve Smith endgültig in die Herzen der Fans, als er mit den Carolina Panthers den Super Bowl erreichte. Mit über 1.000 Receiving Yards sowie dem spielentscheidenden Touchdown in der Overtime der Divisional Play-offs gegen die St. Louis Rams avancierte er zu einem der entscheidenden Spieler der Saison. Er und Quarterback Jake Delhomme hatten endlich die Verbindung gefunden, die ein erfolgreiches Team benötigt, um den Einzug in das größte sportliche Ereignis der Welt zu sichern.

Trotz seines Touchdowns im Endspiel verloren die Panthers jedoch unglücklich gegen die New England Patriots mit 32:29. Es sollte die einzige Super-Bowl-Teilnahme des ehrgeizigen Receivers bleiben.

Neben den Auszeichnungen, die *Agent 89*, wie Steve Smith ebenfalls genannt wurde, in seiner 15 Jahre andauernden Karriere erringen konnte, hatte er auch mit Rückschlägen zu kämpfen. So ereilten ihn gleich mehrere, teils schwerwiegende Verletzungen, von denen er sich vollständig erholte und meist stärker als zuvor zurückkehrte.

Ein Paradebeispiel hierfür war die Saison 2004: Im Auftaktspiel gegen die Green Bay Packers zog sich Steve Smith einen komplizierten Beinbruch zu, der seine Saison beendete. Im darauf folgenden Jahr spielte er die beste Saison seiner Karriere und führte die NFL in gefangenen Pässen, Receiving Yards sowie Receiving Touchdowns an. Dies verhalf ihm zu seiner zweiten Pro-Bowl-Teilnahme sowie zur Auszeichnung als *Comeback Player des Jahres*.

„Emotionen" sind ein weiteres, wenn nicht vielleicht das prägnanteste Stichwort, an das man denkt, wenn man sich an die Auftritte von Steve

Smith zurückerinnert. Diese führten zu amüsanten Szenen, zum Beispiel in der Saison 2013, als *Freddy Krueger* (ein weiterer, passender Spitzname für Smith, den er von Tampa Bay Head Coach Jon Gruden erhielt, als dieser ihn in einem Interview als Alptraum für gegnerische Defenses beschrieb) den Cornerback Aqib Talib von den New England Patriots derart dominierte und mit Trash Talk entnervte, dass dieser an der Sideline mehrfach von seinen Teamkollegen beruhigt werden musste. Im Anschluss an das Spiel ließ Smith dann in einem Interview auf dem Feld den legendären Spruch: „Ice up, son. Ice up!", fallen.

Nicht immer gelang es Steve Smith, seine Emotionen so zielgerichtet einzusetzen. Im Trainingscamp der Saison 2008 geriet Smith mit seinem Teamkollegen, dem Defensive Back Ken Lucas, während eines Drills aneinander. Nach einem hitzigen Wortgefecht schlug der Receiver Lucas ins Gesicht und brach ihm dabei die Nase. Trotz einer umgehenden Entschuldigung an der Sideline beendeten die Coaches das Training für Steve Smith und die Carolina Panthers suspendierten ihn für die ersten beiden Spiele der Saison.

Nach insgesamt 12 Jahren bei den Carolina Panthers war für den fünfmaligen Pro-Bowl-Teilnehmer überraschend Schluss. Am 13. März 2014 wurde Steve Smith von den Carolina Panthers entlassen.

Erst im Oktober 2020 ließ *Agent 89* die Öffentlichkeit an seiner Sicht der Entlassung teilhaben, als er in einer Sonderfolge seines Podcasts *Cut to it* über das Ende bei den Panthers sprach. In der Öffentlichkeit wurde viel darüber spekuliert, ob möglicherweise ein gestörtes Verhältnis zu Quarterback Cam Newton der ausschlaggebende Grund für Smiths Entlassung war oder ob das Front Office seinem Nummer-eins-Draft-Pick aus dem Jahre 2011 die Möglichkeit geben wollte, das Team als alleiniger Anführer zum Erfolg zu bringen.

Smith selbst sprach in seiner Sendung offen darüber, wie die Kommunikation mit Dave Gettleman ablief und dass das Verhältnis zu seinem ehemaligen General Manager, der den Posten bei den Carolina Panthers 2013 übernahm, von Anfang an unter keinem guten Stern stand.

Bereits in einem der ersten Gespräche zwischen den beiden teilte Gettleman seinem Angestellten mit, welche Erwartungen er an ihn habe und schenkte ihm das Buch *Halftime* – ein Buch über die Neuausrichtung von Karrierezielen. Dieser Umstand führte dazu, dass Steve Smith seinem Berater mitteilte, er solle sich nach einem möglichen Trade-Partner umsehen.

An Interessenten mangelte es wahrlich nicht, allerdings wollte kein Franchise das garantierte Gehalt des mittlerweile 34-jährigen Receivers übernehmen. Dies war für ihn jedoch nicht verhandelbar und so gab Smith auch in der 2013er-Saison alles für die Carolina Panthers.

Seine Saison war gut, aber eben nicht überragend. Gettleman sagte Smith in einem Gespräch nach der Saison, dass er nur noch ein Schatten seiner selbst sei und er nicht an den Dingen gearbeitet habe, die ihm der General Manager vor der Saison genannt hatte.

Smith war klar, dass seine Zeit bei den Panthers nun endgültig am Ende angekommen war. Also fuhr er zum Haus von Jerry Richardson, um sich für alles zu bedanken, was der Teambesitzer ihm ermöglicht hatte. Am Ende des Gesprächs weinte Richardson bittere Tränen und auch Steve Smith stand das Wasser in den Augen. Eine Woche später wurde er von den Carolina Panthers entlassen.

Nach drei weiteren Jahren bei den Baltimore Ravens beendete Steve Smith Sr. seine Karriere in der NFL. Dies teilte er dem Commissioner, Roger Goodell, in einem für ihn typischen Brief mit, in dem folgender Text zu lesen war:

*„Hiermit möchte ich Ihnen mitteilen, dass ich, Steve Smith Sr., ab heute nicht mehr gegen Defensive Backs antreten werde. Ich werde mich aus der National Football League zurückziehen."*

Den Carolina Panthers kam der vierfache Familienvater Smith 2019 wieder näher, als er von Teambesitzer David Tepper einen Anruf erhielt, in dem er ihm mitteilte, dass man die Carolina Panthers „Hall of Honor" erweitern und Steve Smith Sr. aufnehmen wollte. So würden selbst Smiths Enkelkinder noch erleben können, welch großartigen Einfluss dieser außergewöhnliche Spieler auf die Geschichte des Franchise hatte. Smith erwiderte, dass er selten emotional werden würde, aber dies einer der Momente sei und sagte mit den Worten: „Es ist mir eine Ehre", zu.

Am 6. Oktober 2019 wurde Steve Smith Sr. in die „Hall of Honor" der Carolina Panthers aufgenommen und ist damit auf ewig mit dem Franchise verbunden.

**Steve Smith Sr. (2001-2013)**

- *NFL Comeback Player of the Year (2005)*
- *NFL Pro Bowl (2001, 2005, 2006, 2008, 2011)*
- *NFL Receiving Yards Leader (2005)*
- *NFL Receptions Co-Leader (2005)*
- *NFL Receiving Touchdowns Co-Leader (2005)*
- *Sieben Panthers-Spielzeiten mit +1.000 Receiving Yards*
- *Carolina Panthers Hall of Honor*

# 3 DER GRUNDSTEIN WIRD GELEGT (2002)

Im Jahr 2002 übernahm John Fox den Posten des Head Coachs der Carolina Panthers. Für den langjährigen Defensive Coordinator der New York Giants war dies die erste Stelle als Cheftrainer.

Aber nicht nur die sportliche Verantwortung bei den Panthers wechselte in dieser Saison, sondern auch die Rivalen, mit denen man um die Playoff-Plätze spielte. Nach einer geografischen Umstrukturierung der Divisionen durch die NFL spielte das Franchise aus den Carolinas nicht mehr in der NFC West, sondern in der NFC South, gemeinsam mit den Tampa Bay Buccaneers, den New Orleans Saints und den Atlanta Falcons.

Und es kam zu einer weiteren Besonderheit: Trotz des Vorjahres-Records von 1-15, dem schlechtesten in der NFL in der Saison 2001, erhielten die Carolina Panthers lediglich den zweiten Pick, da das Privileg des ersten Picks den Houston Texans als Expansion Team vorbehalten war. Doch die Panthers holten das Beste aus ihrer Wahl heraus und verpflichteten Defensive End Julius Peppers.

Quarterback Chris Weinke, der keine gute Rookie-Saison hinter sich hatte, wurde durch eine Free-Agent-Verpflichtung in die zweite Reihe verdrängt: Journeyman Rodney Peete, der in den Vorjahren für verschiedene Teams als Backup fungierte, sollte mit seinen 37 Jahren der neue Spielmacher der Carolina Panthers werden.

Insgesamt zeigten sich die Carolina Panthers in Jahr 1 unter John Fox stark verbessert und konnten die Saison mit sieben Siegen und neun Niederlagen abschließen. Trotz des letzten Platzes in der Division und des erneuten Verpassens der Play-offs konnte man also durchaus zufrieden sein.

## Head Coach John Fox – „Es ist, wie es ist!"

John Fox war bei den Fans der Carolina Panthers nicht die erste Wahl als Head Coach, da diese nach dem enttäuschenden Vorjahr lieber einen erfahrenen Trainer in höchster Verantwortung an der Seitenlinie gesehen hätten, der auf dieser Position bereits Erfolge vorzuweisen hatte. Dabei konnte man Fox wahrlich nicht vorwerfen, zu wenig Erfahrung mitzubringen, bekleidete er doch bereits seit 1989 verschiedene defensive Coachingpositionen bei unterschiedlichen Teams in der NFL.

Seine Trainerkarriere im College begann für den damals gerade mal 24-jährigen Fox bereits im Jahre 1979. Die Chance, als Head Coach bei den Carolina Panthers zu übernehmen, konnte sich Fox folglich nicht entgehen lassen.

An der Seitenlinie wirkte der in Virginia geborene Fox unnahbar, da man ihn an Spieltagen kaum lächeln sah und er seinen Spielern Kaugummi kauend seine Anweisungen entgegenrief. Dies war jedoch lediglich der Tatsache geschuldet, dass er seiner Arbeit hoch konzentriert nachging.

In seiner täglichen Arbeit offenbarte sich aber der wahre Charakter von John Fox: Er war ein echter Players Coach, dem seine Spieler vertrauen konnten und für die er jederzeit ein offenes Ohr hatte. So erkundigte er sich als Beispiel beinahe täglich, wie es den Frauen und Kindern seiner Spieler ging und zeigte ernsthaftes Interesse, welche Themen sein Team beschäftigten.

Zudem war es Fox wichtig, dass das gesamte Franchise ein Gemeinschaftsgefühl entwickelte, sodass jedes Rädchen perfekt ineinandergreifen konnte. Ein Beispiel dafür, wie gut ihm dies gelang, war der Rückflug vom Spiel in Cleveland am 01. Dezember 2002.

Die Carolina Panthers hatten, nachdem sie mit drei Siegen in die Saison gestartet waren, die nächsten acht Spiele in Folge verloren. Nichts deutete darauf hin, dass diese Serie ausgerechnet gegen die Browns enden sollte, befanden sich diese doch gerade im Play-off-Rennen. Zudem hatten die Panthers in der Woche zuvor eine herbe 41:0-Heimniederlage gegen den Divisionsrivalen aus Atlanta einstecken müssen.

In Cleveland konnte Carolina aber tatsächlich in einem defensiv geprägten Spiel mit 13:6 gewinnen und John Fox verteilte anschließend auf dem Flug zurück in die Heimat seine Game Balls. – Und zwar an jeden einzelnen Menschen aus dem Umfeld der Carolina Panthers, der die Reise zu den Browns im Teamflugzeug mit angetreten hatte.

Er war der Auffassung, dass jeder Einzelne mit seiner harten Arbeit auch unter der Woche seinen Anteil daran hatte, dass dieses Spiel gewonnen werden konnte. Selbst Jahre später sagte Teamreporter Bill Rosinski, dass ihm dieser Ball nach wie vor eine Menge bedeutet.

Das Markenzeichen von John Fox waren dessen Phrasen. Eine der meistgenutzten war sicherlich: „Es ist, wie es ist!" Mit diesem Satz begegnete er unter anderem aufkommender Unzufriedenheit seiner Spieler. Wenn sich als Beispiel jemand über das hohe Trainingspensum beschwerte und

Fox diese Phrase anbrachte, war klar, dass der Spieler trotz allem seine Arbeit beenden musste, da ansonsten die gesetzten Ziele nicht erreicht werden konnten.

Eine weitere Phrase, der sich Fox gerne bediente, war: „Habt keine Angst, großartig zu sein!" Diese nutzte er gerne, wenn er dafür sorgen wollte, dass seine Spieler etwas taten, was sie eigentlich nicht wollten.

Aufgrund seiner Erfahrung, die er auf seinen vielen Stationen gesammelt hatte, wusste der leidenschaftliche Angler und Surfer außerdem ganz genau, welche Spielertypen er in seinem Team brauchte, um erfolgreich sein zu können.

Durch seine defensive Prägung war die Richtung daher klar: John Fox wollte ein Team, das aus toughen Spielern bestand, die sich in den Dienst ihrer Mannschaft stellten. Sie mussten aber auch smart und diszipliniert auf dem Feld agieren, da Fox unnötige Strafen verabscheute. Diese Eigenschaften erkannte er in Grundzügen bei seinen neuen Spielern, war jedoch der Meinung, dass sie diese Tugenden im Vorjahr kaum abgerufen hätten.

In seiner ersten Ansprache an seine neue Mannschaft, für die er nun das erste Mal in seiner Karriere hauptverantwortlich war, stellte er direkt die Härte des Teams infrage, was die Spieler aufhorchen ließ. Als er die Aufmerksamkeit seiner Spieler hatte, sagte er ihnen ebenfalls, dass er ihnen nicht zuhören würde, da sie im Vorjahr 15 Spiele in Folge verloren hatten. Wenn sie jedoch ihm zuhören würden, würde er sie zu Champions machen.

Dieser Teil seiner Rede war für die Spieler prägend und sie schenkten Coach Fox ihr volles Vertrauen. 20 dieser Spieler standen knapp zwei Jahre später mit ihm im Super Bowl.

## Julius Peppers – der athletische Freak

Der in North Carolina geborene und aufgewachsene Peppers war ein unglaublicher Athlet, der die Defense der Carolina Panthers von Tag 1 an besser machte.

Abseits des Feldes wirkte der zwei Meter große Hüne eher ruhig und etwas schüchtern, auf dem Feld jedoch explodierte er regelrecht und war kaum zu stoppen.

Auf dem College spielte Peppers neben American Football auch Basketball für die North Carolina Tar Heels. Hier schaffte er es mit seinem Team in der Saison 1999/2000 sogar ins Finalturnier und ist damit der einzige Sportler, der sowohl im Collegebasketball in den Final Four als auch als Spieler in der NFL in einem Super Bowl auf dem Feld stand.

Nachdem er eine weitere Saison sowohl für das Basketball- als auch für das Footballteam spielte, entschied er sich, seinen vollen Fokus auf American Football zu legen. Und dies mit Erfolg: Er wurde mehrfach als einer der besten defensiven Spieler ausgezeichnet und ist bis zum heutigen Tag der Spieler mit den zweitmeisten Sacks (30,5) in der Geschichte seiner Universität.

In seiner ersten Saison als Defensive End bei den Carolina Panthers zeigte sich, dass er seine Leistungen aus dem College auch auf die NFL übertragen konnte. Am Ende seiner Rookie-Saison konnte er unter anderem 28 Solo Tackles, 12 Sacks, fünf erzwungene Fumbles und eine Interception für sich verbuchen – und das, obwohl er lediglich 12 anstatt der vollen 16 Spiele spielte.

Grund hierfür war, dass Peppers vier Spiele vor Saisonende für den Rest der Saison suspendiert wurde, da er mit der Einnahme eines Nahrungsergänzungsmittels gegen die NFL-Richtlinien zum Drogenmissbrauch verstoßen hatte. Diese Tabletten, die er von einem Freund erhalten hatte und die ihm gegen seine Müdigkeit helfen sollten, enthielten eine Substanz, die von der NFL verboten war. Peppers gestand diesen Fehler ein und versicherte, in Zukunft vorsichtiger in Bezug auf die Richtlinien der NFL sein zu wollen.

Trotz dieser Suspendierung wurde Julius Peppers aufgrund seiner starken Leistungen in seiner Premierensaison die Auszeichnung zum *NFL Defensive Rookie der Saison* verliehen.

Julius Peppers spielte 17 Jahre in der NFL, 10 davon in Carolina zu Beginn und am Ende seiner Karriere, mit einer siebenjährigen Unterbrechung bei den Chicago Bears und den Green Bay Packers. Doch wo immer er auch das Feld betrat: Er dominierte und terrorisierte die gegnerische Offensive Line und brachte die Quarterbacks zum Schwitzen. Er schaffte es, 77 verschiedene Quarterbacks zu sacken – etwas, das vor ihm lediglich Hall of Famer und Ex-Panther Reggie White gelang.

Insgesamt steht Peppers mit 159,5 Sacks in seiner Karriere auf Platz 4 der All Time Sack Leader in der NFL. Des Weiteren hält der neunmalige Pro Bowler den Franchiserekord der Carolina Panthers in der Kategorie längster Interception Return mit 97 Yards in der Saison 2004 gegen die Denver Broncos.

Doch nicht nur als Ausnahmeathlet bleibt Julius Peppers den Menschen in North Carolina in Erinnerung. 2019 wurde er für den *Walter Payton Man of the Year Award* nominiert. Nachdem der Hurricane Florence im Herbst 2018 in North und South Carolina schwere Schäden verursachte und mehrere Todesopfer forderte, gründete der Defense End den *Julius Peppers Relief Fund*, zu dem er selbst 100.000 US-Dollar beisteuerte, um den Menschen in seiner Heimatregion zu helfen. Peppers machte sich außerdem selbst vor Ort ein Bild der Schäden, verteilte Hilfsgüter und gab den Menschen der betroffenen Region auch durch seine Präsenz etwas Mut und Hoffnung zurück.

**Julius Peppers (2002-2009)**

- *NFL Pro Bowl (2005)*
- *Platz 1 Panthers Sacks (97)*
- *Platz 1 Panthers Forced Fumbles (37)*
- *Längster Panthers Interception Return (97 Yards, 10.10.2004, Denver Broncos)*

# 4 DAS JAHR DER „CARDIAC CATS" (2003)

Die Saison 2003 sollte eine der denkwürdigsten Spielzeiten der Carolina Panthers werden. Bereits in der ersten Runde des Drafts in diesem Jahr gelang den Panthers etwas, womit an diesem Tag sicher die wenigsten gerechnet hatten: Sie konnten mit dem achten Pick Offensive Tackle Jordan Gross von den Utah Utes verpflichten und mit diesem eine große Lücke in der Offensive Line schließen.

Doch warum war dieser Pick so etwas Besonderes?

Ursprünglich hielten die Carolina Panthers den neunten Pick inne. Die in der Draft-Reihenfolge an Platz sieben stehenden Minnesota Vikings wollten ihren Pick mit den Baltimore Ravens tauschen, um so an die zehnte Stelle zu rutschen und weiteres Draft-Kapital einzusammeln. Allerdings schafften es die Vikings nicht, den Deal innerhalb der hierfür vorgesehenen 15-minütigen Frist abzuschließen, was dazu führte, dass die an Position 8 wählenden Jacksonville Jaguars ihre Wahl unmittelbar nach Ablauf der Frist einreichten und sich so Quarterback Byron Leftwich sicherten.

Auch die Panthers nutzten den Fehler der Vikings geistesgegenwärtig aus und wählten eben jenen Jordan Gross, ehe sich Minnesota von seinem Fauxpas erholen und den eigenen Pick letztlich an Position 9 einreichen konnte.

Wäre dieses Missgeschick nicht geschehen, wäre Leftwich vermutlich bei den Baltimore Ravens gelandet und die Jacksonville Jaguars hätten Jordan Gross, der in seinem Senior Year auf dem College keinen einzigen Sack zuließ, gewählt. So konnte das Team aus Florida der Möglichkeit, einen Quarterback zu draften, nicht widerstehen und Gross wurde ein Panther, für die er in den folgenden zehn Jahren spielte und es insgesamt dreimal in den Pro Bowl schaffte.

Eine weitere, entscheidende Verpflichtung gelang den Panthers in der Off-Season, in welcher Free Agent Quarterback Jake Delhomme hinzugewonnen werden konnte.

Ursprünglich sollte der Backup von den New Orleans Saints lediglich Druck auf Starter Rodney Peete ausüben. Im Trainingscamp sah Delhomme, von außen betrachtet, zudem nach allem anderen, nur nicht nach Startermaterial, aus und hatte von allen anwesenden Quarterbacks die wenigste Erfahrung im System von Offensive Coordinator Dan Henning. Doch seine Coaches sahen etwas in ihm, was dem Team fehlte, weshalb er als Ersatzquarterback in die Saison gehen durfte.

## Jake Delhomme – der steinige Weg der Nummer 17

Der Weg von Jake Delhomme zum zweiterfolgreichsten Quarterback in der Geschichte der Carolina Panthers ist eine wahre Cinderella-Story.

Geboren und aufgewachsen in Louisiana, besuchte Delhomme später das örtliche College, wo er für die Ragin' Cajuns als Starting Quarterback bemerkenswerte Zahlen auflegte. Dennoch wurde Delhomme im Draft 1997 nicht ausgewählt und ging als Free Agent zu den New Orleans Saints.

Sein erstes Jahr verbrachte der sympathische Quarterback im Practice Squad des Franchise. Im Anschluss daran wurde er von den Saints in die NFL Europe zu den Amsterdam Admirals geschickt. Hier sollte er Spielpraxis sammeln und sich entwickeln.

„Wenn ich es hier nicht schaffe, wo dann?", soll Delhomme bei seinem Wechsel gesagt haben. Doch leider entwickelte sich dieses Vorhaben nicht, wie erhofft, denn auch die St. Louis Rams schickten einen Quarterback in die europäische Ausbildungsliga der NFL, die zu dieser Zeit in Deutschland sehr populär war. Hierbei handelte es sich um keinen Geringeren als den späteren Super Bowl Champion und Most Valuable Player Kurt Warner, der ebenfalls bei den Admirals landete und dort Starting Quarterback wurde.

Trotz seiner erneuten Backup-Rolle sah Delhomme diese Erfahrung nicht als verschenkte Zeit an, denn er konnte viel von Warner lernen, was ihn auf seiner Position weiterbrachte.

Nach seinem Ausflug nach Europa verbrachte Delhomme die nächste NFL-Saison erneut im Practice Squad der New Orleans Saints, ehe er im darauf folgenden Frühjahr seine zweite Saison in der NFL Europe bestritt. Diesmal verschlug es ihn nach Deutschland zur Frankfurt Galaxy.

Doch auch hier wurde Jake Delhomme kein unangefochtener Starter, da die Galaxy unter Head Coach Dick Curl eine Zwei-Quarterbacks-Strategie spielte, sodass sich Delhomme die Snaps mit seinem Konkurrenten Pat Barnes teilen musste. Trotz oder vielleicht gerade wegen dieser ungewöhnlichen Taktik gewannen die Frankfurter den World Bowl 1999.

Dieser Erfolg blieb natürlich auch in Jakes Heimat nicht verborgen und so schaffte er es im folgenden Jahr ins Team der Saints, wo er als dritter Quarterback in den folgenden Jahren immer mal wieder NFL-Luft schnuppern durfte. Hier sorgten vor allem seine guten Leistungen in den Preseasons 2001 und 2002 für Aufsehen, da er in diesen Vorbereitungsspielen das beste Quarterback Rating aller NFC-Spielmacher erreichte.

Dies vergaßen auch die Fans der New Orleans Saints nicht, als ihr Team im letzten Spiel der regulären Saison gegen die Carolina Panthers einen Sieg benötigte, um in die Play-offs einzuziehen. Doch New Orleans lag spät in diesem Spiel zurück und eine Niederlage drohte, so dass die Anhänger: „Wir wollen Jake, wir wollen Jake", skandierten. Und wer weiß:

Vielleicht war es gerade dieser laut ausgedrückte Respekt, den das Front Office in Carolina vernahm und so die Chance ergriff, Jake Delhomme in der Free Agency zu verpflichten?

In seiner Zeit in Carolina rief Jake Delhomme endlich sein komplettes Potenzial ab und reifte zu einem Star heran. Dies war nicht allein seinem guten Quarterback-Spiel geschuldet, sondern auch seinem Ansehen im Team und der Fähigkeit, dieses selbst dann motivieren zu können, wenn eine Situation nahezu aussichtslos erschien.

Sein ehemaliger Center Jeff Mitchell verglich Delhomme in einem Interview mal mit jemandem, den man aus dem Publikum auf das Feld geholt hatte. Der Quarterback genoss jeden Moment auf dem Gridiron, als wäre es sein letzter. Er war einfach immer glücklich, überhaupt auf dem Feld zu stehen. Diese positive Art steckte die komplette Offense um ihn herum an.

Zudem war er nie bereit, ein Spiel als verloren zu betrachten, solange noch Zeit auf der Uhr war und er den Ball in die Hände bekam. Ging ein Spielzug schief, so verurteilte er im nächsten Huddle nicht seine Offensive Line oder einen Passempfänger, sondern nahm die Schuld stets auf sich und sagte, dass der folgende Spielzug sicher erfolgreich werden würde. Dies alles sorgte dafür, dass das Team bedingungslos hinter seinem Quarterback stand und die Offense unter seiner Führung zumeist als Einheit auftrat.

Jake Delhomme spielte bis 2009 insgesamt sieben Jahre in Carolina. Zehn Jahre später wurde er für seine herausragenden Verdienste für das Franchise in die Hall of Honor der Panthers aufgenommen.

**Fun Fact:** Obwohl Jake Delhomme während seiner Zeit im College und bei den New Orleans Saints immer die Nummer 12 trug, machte er bei den Panthers die Nummer 17 berühmt. Der Grund dafür: Seine Tochter Lauren wurde am 17.12.2001 geboren, nachdem seine Frau 17 Stunden mit ihr in den Wehen lag.

**Jake Delhomme (2003-2009)**

- *NFL Pro Bowl (2005)*
- *Platz 1 längster Touchdown-Pass in einem Super Bowl (85 Yards, Super Bowl XXXVIII)*
- *Platz 1 Panthers Game Winning Drives (21)*
- *Carolina Panthers Hall of Honor*

## Super Bowl Run

Ein weiterer entscheidender Faktor, der die Saison 2003 zu einem Erfolg machen sollte, war der Zusammenhalt innerhalb der Mannschaft. In der Vorsaison war das Team noch in Defense und Offense gespalten, vor allem aus dem Grund, weil die Verteidigung den Angriff im Training permanent dominierte und so der nötige Respekt voreinander fehlte.

Durch die Verpflichtung von Tackle Jordan Gross und Runningback Stephen Davis in der Free Agency wendete sich das Blatt jedoch gehörig, sodass die Offense, die im Vorjahr noch im unteren Drittel der Liga angesiedelt war, nicht nur mit der Defense mithalten konnte, sondern an guten Tagen mit dieser nahezu machen konnte, was sie wollte.

Aber nicht nur die Verpflichtung einzelner Spieler schweißte das Team der 2003er-Carolina Panthers zusammen. Leider brachen auch Schicksalsschläge über die Mannschaft herein, die für jedes Mitglied im Team prägend waren und ihre mentale Stärke auf eine harte Probe stellten.

Vor dem Start der Saison erlitt Linebacker Mark Fields eine Verletzung am Daumen. Anfangs sah das Ganze lediglich wie eine kleine Blessur aus, die durch die Teamärzte schnell wieder in den Griff zu bekommen sein sollte. Doch der Daumen heilte nicht und so ging Fields in ein Krankenhaus, um weitere Untersuchungen anstellen zu lassen. Hier fanden die Ärzte heraus, dass der Linebacker an Lymphdrüsenkrebs erkrankt war. Der Kampf gegen die Krankheit erforderte viel

Kraft und Fields verpasste dadurch die Saison 2003. Doch es kam noch schlimmer.

Nur zwei Wochen nach der Diagnose von Mark Fields gaben die Carolina Panthers per Pressemitteilung bekannt, dass auch Linebacker Coach Sam Mills an Krebs erkrankt sei.

Das Team der Carolina Panthers wurde von beiden Krankheitsfällen in unterschiedlichen Teammeetings informiert und war am Boden zerstört. Offensive Lineman Kevin Donnalley sagte später zu diesen tragischen Meetings:

*„Wir haben von Mark im Trainingslager erfahren. Coach Fox verkündete die Nachricht und sprach mit der Mannschaft. Er sagte sofort, dass es sehr, sehr ernst sei, aber dass es sich um eine der am besten behandelbaren Formen von Krebs handele. Das hat uns gewissermaßen auf die Bekanntgabe von Sam Mills Erkrankung zwei Wochen später vorbereitet. Denn es war nicht dasselbe Verhalten. Ich glaube, jeder wusste, ohne ein weiteres Wort zu hören: ‚Hey, bei Sam ist es viel ernster. Wir müssen jetzt alle zusammenhalten'."*

Letztendlich wusste niemand, ob diese Schicksalsschläge die Mannschaft ablenken oder zusammenschweißen würden. Wie der Start in die Saison zeigen sollte, war Letzteres der Fall.

### Woche 1 – Carolina Panthers vs. Jacksonville Jaguars

Die erste Halbzeit im Auftaktspiel der Saison 2003 gegen die Jaguars war eine der schlechtesten Halbzeiten in der Geschichte des Franchise. Die Mannschaft spielte weit unter ihren Möglichkeiten. Die Offense schaffte es nicht, Punkte auf die Anzeigetafel zu bringen und die Defense konnte ihrerseits der Offense aus Jacksonville nicht standhalten, weshalb es mit 0:14 in die Kabine ging.

Offensive Coordinator Dan Henning griff in der Kabine zu einer eher ungewöhnlichen Maßnahme, nahm seinen Starting Quarterback Rodney

Peete vom Feld und sagte dem Ersatzmann Jake Delhomme, dass er sich bereit machen sollte, die Geschicke der Offense in der zweiten Hälfte zu übernehmen.

Als Delhomme für den ersten Drive der Panthers im dritten Viertel das Feld betrat, hatten die Jaguars bereits einen Ballbesitz hinter sich und weitere drei Punkte für sich verbuchen können. Obwohl vermutlich die wenigsten Fans und vielleicht auch Mitspieler glaubten, dass der bereits 28-jährige Delhomme mit seinen ersten Snaps als Carolina Panther ein 0:17 noch drehen konnte, spürte man seine Energie beim Betreten des Platzes jedoch bis auf die Zuschauerränge. Seine Mission war klar: Sei der beste Spieler, der du sein kannst oder deine Mannschaft verliert.

Und so lief er auf das Feld, gab High Fives an seine Mitspieler und machte jedem mit seiner positiven Art deutlich, dass das Spiel noch lange nicht verloren sei. Diese Positivität weckte seine Mitspieler auf und eine beispiellose Aufholjagd begann. Delhomme warf drei Touchdowns – den entscheidenden beim vierten Versuch für 12 Yards mit lediglich 16 Sekunden auf der Uhr. Empfänger dieses Passes war Ricky Proehl, der wie Delhomme vor der Saison in der Free Agency geholt wurde.

Den Jaguars blieb damit nicht mehr genug Zeit, um noch einen Ballbesitz in Punkte zu verwandeln, und so gewannen die Panthers mit 24:23. Die *Cardiac Cats* waren geboren.

Diesen Spitznamen erhielten die Carolina Panthers, da sich viele Spiele im Verlauf der Saison erst in den letzten Minuten oder mit dem letzten Drive in einem Herzschlagfinale entscheiden sollten.

### Woche 2 – Carolina Panthers at Tampa Bay Buccaneers

Nach dem Kraftakt im ersten Spiel wartete mit dem amtierenden Super Bowl Champion Tampa Bay direkt die nächste schwere Aufgabe auf die Carolina Panthers. Die Begegnung mit dem Divisionsrivalen war von der ersten Sekunde an eine Defensivschlacht. Lediglich Runningback Stephen Davis konnte auf der offensiven Seite wirklich überzeugen und zeigte mit 142 Yards in 33 Läufen, warum man ihn vor der Saison verpflichtet hatte.

Entschieden wurde das Spiel jedoch durch die Special Teams beider Mannschaften. Während Carolinas Kicker John Kasey seine drei Field Goals in der regulären Spielzeit sicher verwandelte, wurden auf der Gegenseite gleich drei Kicks von Martin Gramatica geblockt: ein Field-Goal-Versuch von Defensive End Julius Peppers, einer von Defensive Tackle Kris Jenkins, welcher dann auch direkt den entscheidenden Extrapunkt kurz vor dem Spielende verhindern konnte und sein Team in die Overtime schickte.

Gerade dieser Block kurz vor Spielende zeigte, wie gut auch die Coaches ihr Team auf dieses Spiel vorbereitet hatten. Die Trainer hatten beim Scouting der Buccaneers kaum Schwächen entdecken können, sahen ihre Chance jedoch in den Special Teams. Dies trainierten sie in der Woche vor dem Spiel ausgiebig und zeigten den Spielern bei der Filmanalyse, wo die Schwächen auf der gegnerischen Seite lagen.

Als Gramatica nun kurz vor Schluss zum entscheidenden Extrapunkt, der das Spiel mit 10:9 entscheiden sollte, anlief, nahm Coach Fox kurz vor dem Snap des Balls ein Time-out, um den Kicker, der bereits die zwei vorab geblockten Kicks im Kopf hatte, zu verunsichern.

Er änderte die Aufstellung auf der defensiven Seite, sodass sich die Buccaneers mit einer neuen Formation konfrontiert sahen, auf die sie sich in der Kürze der Zeit nicht mehr gezielt vorbereiten konnten. Gramatica lief an, Jenkins brach durch die Line - und blockte den Extrapunkt mit seinem Unterarm.

In der Nachspielzeit waren die ersten Versuche beider Mannschaften, Punkte auf die Anzeigetafel zu bringen, vergebens. Der dritte Ballbesitz gehörte wieder den Carolina Panthers und John Kasay konnte das Spiel letztlich für sein Team mit einem 47 Yard Field Goal und einem Endstand von 12:9 entscheiden.

In der Rückschau wurde dieses Spiel von vielen Spielern der Carolina Panthers als eines der entscheidenden Spiele für die erfolgreiche Saison gesehen. Man hatte nicht nur den amtierenden Super Bowl Champion in seinem eigenen Stadion geschlagen, sondern auch volles Vertrauen in die Entscheidungen von Coach Fox gewonnen.

**Woche 3 – Bye Week**

**Woche 4 – Carolina Panthers vs. Atlanta Falcons**

Nach einer frühen Bye Week in Woche 3 ging es frisch ausgeruht im heimischen Ericsson Stadium gegen den Divisionsrivalen aus Atlanta. Diese Spiele waren für die Panthers traditionellerweise schwere Begegnungen. So konnten die Falcons von den letzten zehn Partien neun für sich entscheiden – im Vorjahr erlaubten sie Carolina bei ihren 30:0- und 41:0-Siegen nicht einmal einen Punkt. Aber in diesem Jahr sollte sich auch dies ändern.

Das Spiel endete mit einem ungefährdeten 23:3 für die Panthers. Um ein Haar gelang ihnen sogar die ultimative Revanche für das Vorjahr, führte man kurz vor Ende des Spiels mit 20:0 und es sah alles nach einem Shutout-Sieg aus. Doch den Falcons gelang fünf Minuten vor Abpfiff noch ein Field Goal. Letztendlich war es nach zwei Spielen mit Herzschlagfinalen nun ein von den Fans und Spielern gerne angenommener dominanter Sieg zu einem ungeschlagenen Start in die Saison.

**Woche 5 – Carolina Panthers vs. New Orleans Saints**

Bereits in der nächsten Woche wartete der nächste Konkurrent aus der Division auf die Carolina Panthers. Die New Orleans Saints wollten nach einer verheerenden Niederlage in der Vorwoche gegen die Indianapolis Colts Wiedergutmachung betreiben und die Panthers hatten vor, ihren starken Saisonstart unbedingt zu bestätigen und wollten weiterhin ungeschlagen bleiben.

Während die Defense der Mannschaft im Jahr zuvor mit ihren starken Leistungen die Chance auf einen Sieg gab, war es in dieser Begegnung erneut sowohl die Offense als auch das Special Team, das den 19:13-Sieg unter Dach und Fach brachte.

Kick Returner Rod Smart schaffte im zweiten Quarter einen 100-Yard-Kick-off-Return-Touchdown zur 10:3-Führung für die Panthers, welche die New Orleans Saints im weiteren Spielverlauf nicht mehr ausgleichen konnten. Star-Runningback Stephen Davis belohnte seine starke Leistung mit 159 Rushing Yards im dritten Viertel und einem Touchdown. Die Carolina Panthers starteten zum ersten Mal in ihrer Geschichte mit vier Siegen in eine Saison.

## Woche 6 – Carolina Panthers at Indianapolis Colts

Im Spiel gegen Indianapolis machten die Cardiac Cats ihrem Namen wieder alle Ehre. Gegen die ebenfalls ungeschlagenen Colts entwickelte sich einmal mehr ein Spiel, welches jeden Fan auf eine emotionale Achterbahn schickte.

Zur Halbzeit lagen die Panthers noch zurück, doch die Umstellungen von Coach Fox in der Pause verfehlten scheinbar nicht ihre Wirkung, und so konnten die Panthers mit zwei Touchdowns durch Stephen Davis und Steve Smith im dritten Viertel antworten. Durch diese Leistungssteigerung führte man kurz vor Schluss mit 20:13, musste dann jedoch mit lediglich 45 Sekunden auf der Uhr den Ausgleich hinnehmen und das Spiel ging in die Verlängerung.

Hier konnte es zur damaligen Zeit entscheidend sein, wer den Münzwurf für sich gewann, da das Team, welches die ersten Punkte auf die Anzeigetafel brachte, das Spielfeld als Sieger verlassen würde. Defensive End Mike Rucker bewies an dieser Stelle das richtige Gespür, als er beim Münzwurf „Zahl" ansagte und die Panthers Offense so den Ball bekam.

Den Return von Indianapolis Kick-off ließ Carolinas Returner Rod Smart jedoch an der eigenen 27-Yard-Linie fallen. Glücklicherweise konnte Special-Teams-Spieler Brian Allen den Ball in einem Pulk von Colts Spielern sichern, sodass die Panthers in Ballbesitz blieben.

Der Drive endete mit einem 47-Yard-Field-Goal-Versuch – und John Kasey blieb auch im 13. Versuch fehlerfrei. Die Panthers gewannen dadurch mit 23:20 in der Nachspielzeit und blieben gemeinsam mit den Kansas City Chiefs und den Minnesota Vikings eines von drei ungeschlagenen Teams in der NFL.

### Woche 7 – Carolina Panthers vs. Tennessee Titans

In Woche 7 der 2003er-Saison sollte die Siegesserie der Carolina Panthers reißen. Gegen ein sehr gut aufeinander eingespieltes Team aus Tennessee verloren die Panthers ihr Heimspiel mit 17:37. Für Carolina gab es zu keiner Zeit wirklich etwas zu holen und bereits im ersten Quarter zogen die Titans mit 0:17 davon. So ziemlich das komplette Team der Panthers erwischte einen rabenschwarzen Tag. Vier verlorene Fumbles taten ihr Übriges.

Nach dem Spiel waren sich die Spieler in der Kabine jedoch einig, dass diese Niederlage ein Weckruf zur richtigen Zeit war und bereits in der nächsten Woche eine entsprechende Antwort folgen sollte.

### Woche 8 – Carolina Panthers at New Orleans Saints

Am zehnten Jahrestag des Franchise aus Carolina ging es für die Panthers zum Rückspiel nach New Orleans. Die Saints wollten Revanche für die Niederlage im Hinspiel, die Carolina Panthers Wiedergutmachung für die Niederlage in der Vorwoche – es sollte ein weiterer Thriller werden.

Wie schon im Hinspiel konnte sich keine der beiden Mannschaften entscheidend vom Gegner absetzen, da dieser stets eine Antwort fand und das Spiel eng halten konnte. Folgerichtig hieß das Spielergebnis am Ende der regulären Spielzeit 20:20 und es ging in die Overtime, die es in sich hatte.

Angefangen beim Münzwurf, den Jake Delhomme als Kapitän der Gastmannschaft ansagen durfte. Er entschied sich für „Kopf". Doch die vom Referee geworfene Münze prallte bei der Landung vom Schuh von Mike

Rucker ab und landete auf dem Rasen, allerdings mit „Zahl". Somit hatten die Saints das erste Angriffsrecht in der Nachspielzeit.

Bereits den ersten Kick-off konnte New Orleans Kick Returner beinahe zu einem Touchdown tragen, doch glücklicherweise gelang es dem letzten Mann der Panthers, Kicker John Kasay, den Ballträger an Carolinas 46-Yard-Linie ins Seitenaus zu tackeln und so die Niederlage zu verhindern.

Im folgenden Drive schaffte Safety Mike Minter einen weiteren, entscheidenden Stopp bei New Orleans drittem Versuch, sodass diese sich einem vierten Versuch und einem Yard zu gehen gegenübersahen. Die Saints entschieden sich, kein 54 Yard Field Goal zu kicken, sondern den Versuch auszuspielen. Bei diesem Laufspielzug brach dann Defensive End Julius Peppers durch die Line und forcierte einen Fumble des Ballträgers, den Defensive Tackle Kris Jenkins für Carolina sichern konnte.

Der Rest ist schnell erzählt: Die Offense der Panthers trug den Ball über das Feld, bis dann letztendlich John Kasay mit einem einfachen 31 Yard Field Goal die dritte Overtime der Saison mit 23:20 zugunsten der Carolina Panthers entscheiden konnte.

## Woche 9 - Carolina Panthers at Houston Texans

Im achten Spiel der Saison trafen die Carolina Panthers nicht nur auf das jüngste Franchise in der NFL, sondern auch auf einen alten Bekannten: Dom Capers, der erste Head Coach in der Geschichte der Panthers, war ebenfalls der erste Cheftrainer der Houston Texans und mit diesen in seiner zweiten Saison.

Die Vorzeichen deuteten auf einen Sieg der Jungs aus Carolina hin, da die Houston Texans mit ihrem Backup Quarterback Tony Banks antreten musste und dieser sich bisher nicht in der Saison defensiv als sehr sattelfest präsentierte. Und so dominierten die Panthers die erste Hälfte, ohne dass sich dies entscheidend auf der Anzeigetafel bemerkbar machte. Durch einen Touchdown von Steve Smith führte Carolina zur Halbzeit lediglich mit 7:0.

Im zweiten Abschnitt schienen die Anpassungen, die Capers bei seinen Texans vorgenommen hatte, Früchte zu tragen. Viele gute Runs und kurze Pässe sorgten für Sicherheit in den Reihen der Offense und so gelang Houston der Ausgleich im dritten Viertel.

Kurz vor Ende dieses Viertels gelang John Kasay die erneute Führung durch ein Field Goal, und so ging es mit einem knappen 10:7 in das letzte Quarter. Hier waren es dann erneut die Texaner, die durch einen weiteren Touchdown die Führung übernahmen. Doch die Panthers arbeiteten sich im nächsten Ballbesitz erneut das Feld hinunter.

Sie waren bereits in Field-Goal-Reichweite, als sich Steve Smith zu einem persönlichen Foul hinreißen ließ und Nose Tackle Jerry DeLoach einen Tritt in den Rücken gab, als dieser nach einem erfolgreichen Tackle gegen *Agent 89* nicht schnell genug wieder von diesem aufstand. In der Kabine sagte Smith später einer Gruppe von Reportern, dass DeLoach versucht habe, durch diese Aktion seinen Knöchel zu verdrehen und ihn so absichtlich zu verletzen. Dennoch zog diese Aktion auf dem Feld natürlich eine 15-Yard-Strafe nach sich, was die Panthers letztlich zu einem Punt zwang und der Ballbesitz erneut wechselte.

Die Texans spielten mit ihrem letzten Drive die Uhr clever runter und so blieb es aus Sicht der Panthers bei einer 10:14-Niederlage, die sie sich aufgrund vieler verpasster Möglichkeiten selbst zuzuschreiben hatten.

### Woche 10 – Carolina Panthers vs. Tampa Bay Buccaneers

Zur Halbzeit der Saison kam der Divisionrivale und amtierende Super Bowl Champion Tampa Bay zum Rückspiel nach Charlotte. Und auch dieses Spiel sollte nichts für schwache Nerven werden.

In der ersten Halbzeit gelang es beiden Teams, je eine Interception zu einem Touchdown in die Endzone des Gegners zu retournieren. Einzig ein

48 Yard Field Goal von John Kasay sorgte für die knappe Führung für Carolina zur Halbzeit.

Nach der Pause kamen die Panthers motiviert aus der Kabine und konnten ihren Vorsprung im dritten Viertel auf 20:7 ausbauen und der Sieg war zum Greifen nahe.

Doch die Buccaneers hatten noch ein Wörtchen mitzureden und schafften es tatsächlich, das Spiel im letzten Viertel noch zu drehen, sodass es mit lediglich 2:41 Minuten auf der Uhr plötzlich 20:24 für Tampa Bay stand.

Der letzte Drive der Panthers hatte es noch einmal in sich: In eineinhalb Minuten marschierten sie 78 Yards über das Feld zum vielumjubelten Touchdown von Superstar Steve Smith. Im Gegenzug hielt die Defense der Panthers die Buccaneers punktlos und so endete dieses erneut nervenaufreibende Spiel mit einem 27:24-Sieg für Carolina.

## Woche 11 – Carolina Panthers vs. Washington Redskins

Nach dem knappen Sieg gegen Tampa Bay folgte für die Carolina Panthers ein weiteres Heimspiel. Diesmal ging es gegen das Team aus der Hauptstadt – die Washington Redskins. Und auch dieses Spiel sollte ein weiterer Krimi werden.

Dabei begann das Aufeinandertreffen für das Heimteam denkbar schlecht. Nachdem man die erste Angriffswelle der Redskins erfolgreich abwehren konnte, wollten die Panthers ihren ersten Drive über einen Laufspielzug starten. Allerdings verlor Star Runningback Stephen Davis, der in den Jahren zuvor für Washington spielte, nach einem harten Tackling den Ball, sodass der Ballbesitz erneut wechselte.

Und auch im weiteren Verlauf des Spiels unterliefen den Panthers einige Fehler, die den Ausgang eines Spiels in der Regel eher zugunsten des Gegners entscheiden. So fumbelte Muhsin Muhammad ein weiteres Mal den Ball, John Kasay verpasste zwei Field Goals und Jake Delhomme warf ebenso viele Interceptions. Doch die Defense sprang für das Team in die Bresche und konnte das Spiel zur Halbzeit ausgeglichen mit 3:3 offenhalten.

Nach der Pause schien der Gameplan beider Teams besser aufzugehen. Das bessere Ende hatte einmal mehr Carolina inne: Stephen Davis erlief mit lediglich 1:09 Minuten auf der Uhr den Game-Winning-Touchdown zum 20:17, während Washingtons Quarterback Patrick Ramsey in seinem letzten Drive keinen einzigen Pass anbringen konnte und der Ballbesitz für die Victory Formation wieder zu den Panthers wechselte.

### Woche 12 – Carolina Panthers at Dallas Cowboys

Eine Woche später reisten die Panthers nach Texas zu den Dallas Cowboys, die mit einem Record von sieben Siegen bei drei Niederlagen ähnlich gut dastanden wie die Jungs aus Carolina. Hier war es also wichtig, das Spiel erfolgreich zu gestalten, da man so den Vorsprung in der NFC weiter ausbauen und auf Heimspiele in den Play-offs hoffen durfte. Gleiches galt natürlich auch für das Heimteam und es entwickelte sich ein regelrechter Schlagabtausch.

Jede Führung der Cowboys beantworteten die Panthers drei Viertel lang mit ebenso vielen Punkten, jedoch gelang es ihnen zu keiner Zeit, in Führung zu gehen. Gegen Ende des dritten Quarters erzielte Dallas jedoch einen Touchdown, den die Panthers im vierten Viertel lediglich mit einem Field Goal kontern konnten. Die verbleibenden 3:47 Minuten spielten die Cowboys dann souverän herunter, sodass Carolina nicht mehr in Ballbesitz kam und so nichts gegen die 20:24-Niederlage ausrichten konnte.

### Woche 13 – Carolina Panthers vs. Philadelphia Eagles

Im letzten Spiel im November 2003 trafen die Panthers auf die Philadelphia Eagles, die ebenfalls mit einem Record von acht Siegen bei drei Niederlagen um ihr Heimrecht in den Play-offs kämpften. Es war also ein ausgeglichenes Spiel zu erwarten – was es letztlich auch war, allerdings hatte Kicker John Kasay einen gebrauchten Tag.

Während beiden Teams jeweils zwei Touchdowns gelangen und Philadelphias Kicker David Akers seine vier Field Goals souverän verwandelte, verschoss Kasay drei seiner vier Versuche und zusätzlich einen Extrapunkt. So stand am Ende eine 16:25-Niederlage auf dem Scoreboard.

Einen Vorwurf vom Team an ihren Kicker gab es dennoch nicht, denn es war allen bewusst, wie viele knappe Spiele Kasay für die Panthers gewonnen hatte. Dem Team war klar, dass es gerade nach solchen Spielen noch enger zusammenstehen musste, um in der folgenden Woche stärker auf das Gridiron zurückkehren zu können.

## Woche 14 - Carolina Panthers at Atlanta Falcons

Gegen die Atlanta Falcons, die man in Woche 4 noch deutlich schlagen konnte und die in der Saison bisher erst zweimal als Sieger vom Platz gingen, sollte der Turnaround geschafft werden und der Kurs in Richtung Play-offs wieder aufgenommen werden.

Doch auch in diesem Spiel taten sich die Carolina Panthers schwer und es gelangen der Offense gegen die an 32 gerankte Defense nur zwei Touchdowns in der regulären Spielzeit. Da dies jedoch auch die Atlanta Falcons schafften, ging es für die Panthers in die vierte Overtime der Saison.

Hier konnte Carolina den Münzwurf für sich entscheiden und gelangte als Erstes in Ballbesitz.

Doch anstatt sich mit einem guten Drive den vierten Sieg in der Nachspielzeit zu sichern, warf Delhomme den Ball im dritten Versuch an der eigenen 29-Yard-Linie in Richtung Muhammad, der aber seine Route zu früh unterbrach, sodass der Ball von Atlantas Defensive Back Kevin Mathis abgefangen und zum spielentscheidenden 20:14 für die Falcons in die Endzone getragen werden konnte. Und so standen die Carolina Panthers drei Spieltage vor Schluss mit einem Record von acht Siegen bei mittlerweile fünf Niederlagen da, führten die NFC South jedoch weiterhin mit zwei Spielen Vorsprung an.

### Woche 15 – Carolina Panthers at Arizona Cardinals

Nach drei Niederlagen in Folge ging es für die Carolina Panthers nach Arizona. Da die Cardinals alles andere als eine berauschende Saison spielten und bisher erst zwei Spiele für sich entscheiden konnten, gingen die Panthers trotz der Resultate aus den Vorwochen als Favorit ins Spiel.

Die Begegnung begann zerfahren, in den ersten acht Spielzügen gab es ganze drei Turnover: Einen Fumble von Arizonas Runningback, eine Interception in der Endzone von Jake Delhomme und ein weiterer abgefangener Ball von Cardinals Quarterback Josh McCown, den Mike Minter zum Touchdown in die gegnerische Endzone trug.

In der Folge verlief das Match wie fast jedes andere dieser Saison, wenn Carolina beteiligt war. Beide Teams begegneten sich auf Augenhöhe, keine Mannschaft konnte entscheidend davonziehen.

Mit lediglich 1:09 Minuten auf der Uhr im vierten Quarter gelang Arizona durch ein Field Goal der späte Ausgleich und es deutete alles auf eine weitere Overtime hin, doch Jake Delhomme und Wide Receiver Steve Smith führten die Panthers über das Feld, sodass John Kasay mit nur noch wenigen verbleibenden Sekunden die Chance hatte, ein weiteres Spiel aus 49 Yards zu entscheiden.

Kasay verwandelte den Kick und die Panthers gewannen nicht nur die Partie mit 20:17, sondern auch die NFC South und zogen so nach 1996 das zweite Mal in der Geschichte der Franchise in die Play-offs ein.

### Woche 16 – Carolina Panthers vs. Detroit Lions

Im Heimspiel gegen die Detroit Lions sollte eine weiterer Sieg her, um in den Play-offs zumindest ein Heimspiel bestreiten zu können. Da auch die Lions, wie die Cardinals in der Vorwoche, eine eher schlechte Saison spielten und die Panthers durch den Sieg in Arizona neues Selbstvertrauen gewonnen hatten, dominierte Carolina die Partie von Anfang an.

Mit 17:0 führten die Panthers zur Halbzeit, mit 20:0 ging es in das letzte Viertel und alles sah nach einem Blow-out aus. Doch die Carolina Panthers wurden in dieser Spielzeit nicht umsonst Cardiac Cats genannt und sorgten für ein weiteres Herzschlagfinale.

Zuerst trugen die Lions einen Punt für 89 Yards in Carolinas Endzone, dann fumbelte Runningback DeShaun Foster den Ball, welchen die Lions ebenfalls für 62 Yards zum Touchdown zurücktragen konnten. Glücklicherweise gelang es den Panthers in ihrem letzten Drive, die verbleibenden 3:44 Minuten herunterzuspielen, sodass die Lions nicht mehr in Ballbesitz kamen und das Spiel mit 20:14 an das Heimteam ging.

### Woche 17 - Carolina Panthers at New York Giants

Im letzten Spiel ging es zur Kür nach New York. Die Play-offs waren bereits gesichert, aber natürlich wollte man auch das letzte Spiel der regulären Saison erfolgreich gestalten, um mit dem entsprechenden Rückenwind in die Wild-Card-Woche gehen zu können.

Anfangs sah es so aus, als wäre das Spiel eine Wiederholung der Vorwoche. Die Panthers führten souverän mit 20:0 im zweiten Viertel, ehe die Giants zum Leben erwachten und ebenfalls Punkte auf die Anzeigetafel brachten. Doch Carolina ließ in dieser Begegnung nichts anbrennen und hielt die New Yorker immer wieder auf Abstand, sodass am Ende des Spiels ein ungefährdeter 37:24-Sieg in den Büchern stand und die Panthers die Saison mit elf Siegen bei fünf Niederlagen abschlossen.

Die Play-offs konnten kommen!

### Wild Card Round - Carolina Panthers vs. Dallas Cowboys

Das erste Play-off-Spiel nach sieben Jahren sollte auf vielen Ebenen ein ganz besonderes werden. Zu Gast war niemand Geringeres als die Dallas Cowboys, die Carolina bereits in Woche 12 eine empfindliche, wenn auch knappe Niederlage bescherten.

Zur besten Sendezeit an einem Samstagabend, dazu noch im ausverkauften heimischen Ericsson Stadium – die Bühne für eine Revanche der Panthers war angerichtet.

Coach Fox hatte die Angewohnheit, vor jedem Spiel einen Spieler oder einen Coach die Motivationsrede in der Kabine halten zu lassen. Da Fox dies immer spontan entschied, war es auch für den Redner immer eine große Herausforderung, die richtigen Worte zu finden. Nicht so an diesem Samstagabend.

Die Wahl fiel auf Coach Sam Mills, der vor der Saison die niederschmetternde Krebsdiagnose erhalten hatte, und er hielt seine berühmte „Keep Pounding"-Rede. Viele Spieler gaben hinterher zu Protokoll, dass es die inspirierendste Rede in ihrer Zeit bei den Carolina Panthers war. Heute wissen wir, dass an diesem Tag auch das Motto geboren wurde, welches das Franchise bis heute definiert – Keep Pounding!

Im Spiel legten die Carolina Panthers wie die Feuerwehr los und wollten erst gar keine Zweifel aufkommen lassen, wer als Sieger vom Platz gehen sollte. Den ersten Ballbesitz hatten die Dallas Cowboys, mussten diesen jedoch ziemlich schnell per Punt an die Panthers abgeben. Carolina startete seinen ersten Drive scheinbar konservativ mit zwei Läufen über Stephen Davis.

Beim dritten Versuch mussten noch drei Yards für einen neuen ersten Versuch überbrückt werden – dies sollte mittels eines kurzen Passes auf Steve Smith geschehen. Doch der sah, wie sein Gegenspieler die Mitte aufmachte, cuttete genau in den Bereich, fing den Ball und trug ihn bis an die Ein-Yard-Linie der Cowboys. Dies war der erhoffte und spektakuläre Auftakt in ein dominantes Spiel für die Carolina Panthers.

Zum Ende des zweiten Quarters führte der Gastgeber gegen eine zahnlose Offense aus Dallas mit 13:0 und die Cowboys sollten dem Sieg an diesem Tag nie wirklich nahekommen.

Eine großartige Leistung von Wide Receiver Steve Smith gegen die beste Verteidigung der Liga, insgesamt fünf Field Goals von John Kasay und vor allem ein dominanter Auftritt der Panthers Defense, der kurz vor Ende des Spiels noch mit einer Interception durch Julius Peppers gekrönt wurde, sorgten für einen fulminanten 29:10-Sieg der Panthers und einen Auftakt in die Play-offs, den man sich besser nicht hätte wünschen können.

## Divisional Round – Carolina Panthers at St. Louis Rams

Eine Woche später machte sich das Team von John Fox auf den Weg nach St. Louis, um es mit den dort ansässigen Rams aufzunehmen. Eine scheinbar unlösbare Aufgabe, hatten die Rams doch die letzten 14 Heimspiele in Folge gewonnen. Zudem war das Team durch eine Bye Week in der Wild-Card-Play-off-Runde frisch und ausgeruht. Es sollte ein denkwürdiges Spiel werden, eines der besten Play-off-Spiele in der Geschichte der NFL.

Zu Beginn des Spiels war noch nicht abzusehen, wie spektakulär die Begegnung im späteren Verlauf werden sollte. Und vor allem für die Panthers begann das Spiel denkbar schlecht: Die Rams führten Anfang des zweiten Viertels nach zwei verwandelten Field Goals mit 6:0 und die Panthers verloren ihren Star-Runningback Stephen Davis mit einer Oberschenkelverletzung nach einem langen 64 Yard Run.

In diesem Drive fumbelte Jake Delhomme den Ball in der Redzone von St. Louis, doch glücklicherweise konnte der Ball von Muhsin Muhammad in der Endzone zum ersten Touchdown des Spiels gesichert werden. Ab diesem Moment, als die Panthers auch punktemäßig auf der Anzeigetafel erschienen, begann ein offener Schlagabtausch, der in der Hauptsache von den Kickern beider Teams in Punkte umgemünzt wurde. Insgesamt fanden acht Field Goals ihr Ziel, fünf davon aufseiten der Rams.

Im vierten Quarter nahm das Spiel dann endgültig an Fahrt auf. Nach einer Interception von Rams Quarterback Marc Bulger gelangten die Panthers früh wieder in Ballbesitz und sie schafften es, sich durch einen Touchdown von Fullback Brad Hoover mit 23:12 abzusetzen.

Direkt im nächsten Spielzug zeigte Bulger erneut Nerven und Carolina gelang es wieder, den Ball abzufangen. Die Panthers konnten in den folgenden drei Spielzügen den Ball jedoch nicht wirklich bewegen, sodass Kasay zu einem 53 Yard Field Goal antrat, um dem Sieg ein weiteres Stück näherzukommen. Doch auch er zeigte Nerven und traf knapp nicht.

Somit erhielten die Rams eine erneute Chance, um wieder an den Gegner heranzukommen.

Sie schafften es tatsächlich, sich über das Feld zu arbeiten und es gelang ihnen durch Runningback Marshall Faulk und eine erfolgreiche Two-Point-Conversion lediglich mit einem Rückstand von drei Punkten in die letzten Minuten zu gehen. Da jedoch nur noch 2:44 Minuten auf der Uhr übrig geblieben waren, musste ein erfolgreicher Onside Kick her – und dieser gelang!

Wieder arbeitete sich St. Louis über das Spielfeld und die Rams schafften tatsächlich bei auslaufender Uhr den viel umjubelten 23:23-Ausgleich. Somit stand eine weitere Overtime für Carolina an.

Die Panthers gewannen beim Münzwurf den ersten Ballbesitz und hofften, diesen Vorteil für sich nutzen zu können. Nach einem langen Drive über fast das gesamte Spielfeld stand John Kasay erneut zu einem Field Goal aus 45 Yards bereit. Doch auch dieses Field Goal verpasste der Kicker.

Die Freude an der Sideline von St. Louis war natürlich riesig, jedoch verpasste im nächsten Drive auch Kicker Jeff Wilkins sein Game-Winning Field Goal aus 53 Yards und das Spiel ging weiter.

Der nächste Ballbesitz der Panthers brachte nach einem Sack an Quarterback Jake Delhomme keine weiteren Punkte für Carolina, sodass der Ball wieder bei den Rams lag. Doch kurz vor Ende der Overtime warf Marc Bulger in der Hälfte der Carolina Panthers die nächste Interception in die Arme von Cornerback Ricky Manning.

Im ersten Spielzug der zweiten Overtime gab die Offensive Line der Panthers Jake Delhomme genügend Zeit, um festzustellen, dass Steve Smith sich von seinem Gegenspieler löste und warf den Ball in die Arme des durchstartenden Receivers.

Dieser schaffte es, weiteren Verteidigern auszuweichen und lief ohne eine Berührung des Gegners mit ausgestreckten Armen in die Endzone, wo kurze Zeit später auch nahezu alle Teamkameraden zu einer großen Jubeltraube eintrafen. Dieser Spielzug, der im Playbook der Panthers als *X-Clown* bezeichnet wurde, ist dadurch zu einem der berühmtesten Spielzüge in der Geschichte der Carolina Panthers geworden.

Das Unglaubliche war geschafft und die Carolina Panthers zogen nach dem 29:23-Sieg über die St. Louis Rams in ihr zweites NFC-Championship-Spiel seit Gründung des Franchise ein.

### NFC Championship Game – Carolina Panthers at Philadelphia Eagles

Mit ordentlich Rückenwind machten sich also die Carolina Panthers auf nach Philadelphia, um dort gegen die Eagles um den Einzug in den Super Bowl zu spielen. Und dieses Spiel sollte eine defensive Machtdemonstration der Panthers werden.

Im ersten Viertel tasteten sich beide Teams zunächst ab, ohne etwas Zählbares auf die Anzeigetafel zu bringen.

Im zweiten Quarter gelang den Panthers direkt im ersten Drive der erste Touchdown, als Quarterback Jake Delhomme Wide Receiver Muhsin Muhammad mit einem Pass über 24 Yards in der gegnerischen Endzone fand. Im direkten Gegenzug erzielten dann auch die Eagles die ersten Punkte in Form eines Field Goals aus 41 Yards. Näher sollten sie der Endzone der Gäste im gesamten Spiel nicht mehr kommen.

Zwischen Ende des zweiten und Anfang des dritten Quarters gelang es Panthers Cornerback Ricky Manning, in vier aufeinanderfolgenden Drives der Eagles drei Pässe von Quarterback Donovan McNabb abzufangen. Diesem sollte in der Folge des Spiels nichts mehr gelingen und er wurde im vierten Viertel durch seinen Ersatzmann ausgetauscht.

Zu diesem Zeitpunkt führten die Panthers nach einem Touchdown Run von DeShaun Foster mit 14:3.

Im letzten Viertel liefen die Panthers erfolgreich die Zeit von der Uhr, während den Eagles nicht mehr wirklich etwas Entscheidendes gelingen sollte. Drei Victory Formations von Jake Delhomme besiegelten den vielumjubelten Sieg und den ersten Einzug der Carolina Panthers in einen Super Bowl!

### Super Bowl XXXVIII - Carolina Panthers vs. New England Patriots

Zum größten Spiel in der Geschichte des Franchise reisten die Carolina Panthers nach Houston, Texas, um sich am 01. Februar 2004 gegen den Champion der AFC, die New England Patriots, einen der bedeutendsten Titel der Sportwelt zu sichern. Es sollte eines der spannendsten Endspiele der NFL werden.

Anfangs begann auch dieses Spiel punktemäßig ruhig, an Punktechancen mangelte es jedoch nicht - zumindest nicht für New England. Doch Kicker Adam Vinatieri verschoss gleich zwei Field Goals: eines aus 31 Yards Entfernung im ersten Viertel und eines durch einen Block von Carolinas Defensive Lineman Shane Burton Mitte des zweiten Viertels.

Doch kurz vor Ende der ersten Halbzeit nahm das Spiel deutlich an Fahrt auf. Mit noch 3:10 Minuten auf der Uhr gelang Patriots Quarterback Tom Brady der erste Touchdown-Pass, den die Panthers jedoch im nächsten Drive durch einen spektakulären 39 Yard Passing Touchdown von Wide Receiver Steve Smith beantworten konnten.

Doch es waren ja noch 1:14 Minuten zu spielen und so war es wiederum Brady, der seine Mannschaft über das Feld führte und erneut seinen Receiver in der Endzone fand. Doch auch die letzten 23 Sekunden konnten die Panthers noch in Punkte ummünzen. Mit auslaufender Uhr traf John Kasay aus 50 Yards zum 10:14-Halbzeitstand.

**Der Skandal in der Halbzeit**

*In der Halbzeit des Spiels kam es beim musikalischen Beitrag von Janet Jackson und Justin Timberlake zu einem Skandal, der die zukünftigen Übertragungen des Super Bowls verändern sollte.*

*Doch was war geschehen?*

*Bei der gemeinsamen Performance des Songs Rock your Body sollte Timberlake bei der letzten Textzeile des Liedes („I´m gonna have you naked by the end of this song.") Jackson einen Teil des Kostüms vom Körper reißen – allerdings löste sich ebenfalls der Büstenhalter, entblößte Janet Jacksons Brust und zeigte ein großes, sonnenförmiges „Nippleshield".*

*Mehr als eine halbe Million Beschwerden gingen per Anruf bei der übertragenden Fernsehanstalt ein, was Janet Jackson letztlich dazu brachte, sich öffentlich zu entschuldigen und zu Protokoll zu geben, dass es sich bei dem „Nipplegate" um einen Unfall handelte.*

*Ob Unfall oder nicht - seit diesem Vorfall wird der Super Bowl mit einer Verzögerung von fünf Sekunden ausgestrahlt, um bei zukünftigen Vorfällen eingreifen zu können.*

Nach der Halbzeit ging es zunächst etwas gemächlich wieder ins Spiel. Keine Mannschaft schaffte es, im dritten Viertel Punkte zu erzielen. Doch dies änderte sich erneut im vierten Viertel, denn in diesem passierte in jedem einzelnen Drive etwas Entscheidendes.

Der letzte Abschnitt des Spiels war gerade mal sieben Sekunden alt, als New Englands Runningback Antowain Smith die Endzone fand und die Führung der Patriots weiter ausbaute. Doch den Panthers gelang in der nächsten Angriffsserie die direkte Antwort: DeShaun Foster lief den Ball nur zwei Minuten später aus knapp 33 Yards zu weiteren sechs Punkten für Carolina, der Versuch einer anschließenden Two-Point-Conversion war jedoch nicht erfolgreich.

Nun war es wieder an Superstar Tom Brady, den Panthers erneut den Zahn zu ziehen und es sah alles danach aus, als sollte dies auch gelingen. Doch Carolinas Defensive Back Reggie Howard gelang es, einen Pass des Quarterbacks an der eigenen Zwei-Yard-Linie abzufangen, sein eigenes Team wieder in Ballbesitz zu bringen und so für einen Wechsel des sagenumwobenen Momentums zu sorgen.

Und das gelang auf spektakuläre Art und Weise: Nach zwei unvollständigen Pässen an der eigenen 15-Yard-Linie fand Jake Delhomme seinen Receiver Muhsin Muhammad im dritten Versuch und der lief den Ball für 85 Yards zur ersten Führung der Carolina Panthers. Dies ist bis heute der längste Touchdown-Pass in der Geschichte des Super Bowls. Erneut sagte Coach John Fox eine Two-Point-Conversion an, die allerdings wiederholt nicht verwandelt werden konnte.

Im nächsten Drive nahmen die Patriots knapp vier Minuten von der Uhr, ehe Brady per Pass New England erneut in Führung brachte. Auch die Patriots versuchten im Anschluss, den Touchdown mit zwei Punkten zu veredeln. Dies gelang ihnen und so betrug die Führung knapp drei Minuten vor Schluss 29:22.

Doch die Moral der Panthers war alles andere als gebrochen. Und sie gaben dem Gegner wieder eine direkte Antwort. Delhomme fand Prochl in der Endzone, der Extrapunkt von Kasay saß und der Ausgleich zum 29:29 mit lediglich 1:13 zu spielenden Minuten war geschafft. Sollte es eine erneute Overtime geben? Die Panthers mussten lediglich noch diesen einen letzten Drive defensiv standhalten.

Leider sorgte ein Fehler von Kicker John Kasay für eine gute Feldposition der Patriots, denn sein Kick-off landete im Aus und New England startete an der eigenen 40-Yard-Linie.

Dem an diesem Abend gut aufgelegten Tom Brady kam dieses kurze Feld natürlich sehr entgegen und er schaffte es tatsächlich bis an die 23-Yard-Linie der Panthers mit lediglich neun Sekunden verbleibender Spielzeit. Kicker Adam Vinatieri erledigte seinen Job aus 41 Yards, die Panthers wurden im Anschluss nach dem Kick-off beim anschließenden Return gestoppt und New England gewann diesen spektakulären Super Bowl mit 32:29.

Die Carolina Panthers gingen in diesem Spiel zwar als Verlierer vom Feld, jedoch bleibt die Saison als eine der besten in der Historie der Panthers im Gedächtnis - die Saison der Cardiac Cats.

## 5 SUPER BOWL HANGOVER (2004)

Ohne nennenswerte Verpflichtungen oder Draft Picks ging es für die Cardiac Cats in die Folgesaison. Es sollte eine richtige Hangover-Saison werden, die von schweren Verletzungen geprägt war. Insgesamt 14 Spieler sollten am Ende der Saison auf der Injured-Reserve-Liste stehen.

Bereits im ersten Spiel gegen die Green Bay Packers brach sich Star-Receiver Steve Smith das Bein und kam den Rest der Saison nicht mehr zum Einsatz. Auch das im Vorjahr so erfolgreiche Runningback-Duo, bestehend aus Stephen Davis und DeShaun Foster, fiel bereits früh in der Saison für die komplette Spielzeit aus.

Dieses Verletzungspech war natürlich nur schwer zu kompensieren und so starteten die Panthers mit nur einem Sieg aus den ersten acht Spielen in die Saison, verloren nach ihrer frühen Bye Week in Woche 3 sechs Spiele in Folge.

Doch John Fox gelang es, sein Team nach dieser Negativserie wieder in die Spur zu bringen und nach fünf Siegen in Folge sah die Saison weitaus weniger katastrophal aus. Am Ende verpassten die Carolina Panthers mit sieben Siegen bei neun Niederlagen zwar die Play-offs, konnten jedoch aufgrund der guten Leistungen mit Schwung in die neue Saison starten.

# 6 ZURÜCK IN DIE SPUR (2005)

Im Draft der Saison 2005 konnten die Carolina Panthers die Defense mit Linebacker Thomas Davis verstärken, der die nächsten 13 Jahre die Defense in Carolina prägen sollte.

Die Spielzeit 2005 sollte ein „Bounce-Back"-Jahr werden und die Panthers wieder in die Play-offs bringen. Und sie schafften es, den Record von 11-5 aus der Saison 2003 zu kopieren, was ihnen den zweiten Platz in der Division hinter den Tampa Bay Buccaneers einbrachte.

In der Wild-Card-Runde traf Carolina in New York auf die Giants. Das Spiel sollte ein Beispiel für Dominanz auf allen Ebenen für die Panthers werden. Die Defense zeigte, warum sie sich zu Recht in den Top Ten wiederfand, und fing gleich drei Pässe von Giants Quarterback Eli Manning bei dessen Play-off-Debüt ab. Die Offense war, vor allem durch das Laufspiel über DeShaun Foster, unglaublich produktiv.

Grundlage für dieses dominante Spiel war aber das Coaching. John Fox, der seine meiste Zeit in der NFL in New York verbracht hatte, schien auf jedes Play der Giants eine Antwort parat zu haben, sodass diese kaum in Fahrt kamen.

Am Ende stand ein 23:0-Sieg für die Carolina Panthers – das erste Play-off-Spiel seit 1980, bei dem das Heimteam ohne eigenen Punkt blieb.

In der Woche darauf ging es für die Carolina Panthers ins Soldier Field zu den Chicago Bears. Dies war gleichzeitig die Möglichkeit, sich für die defensiv geprägte 3:13-Niederlage aus Woche 11 zu revanchieren. Und tatsächlich gelang den Panthers auch ein Sieg in Chicago, doch die Freude über das spannende 29:21 wurde durch eine Hiobsbotschaft überschattet: Runningback DeShaun Foster, der in der Vorwoche noch eine blitzsaubere Leistung im Laufspiel abgeliefert hatte, verletzte sich im dritten Viertel so schwer am Knöchel, dass sein Saison vorzeitig beendet war. Nachdem bereits Stephen Davis während der Saison auf die Injured-

Reserve-Liste gesetzt wurde, war dies natürlich ein herber Schlag für das Laufspiel von Carolina.

Das Conference-Championship-Spiel fand für die Carolina Panthers in Seattle bei den dort ansässigen Seahawks statt. Leider hatte die Offense der Panthers einen sehr schlechten Tag. Quarterback Jake Delhomme warf drei Interceptions und den Seahawks gelang es, das angeschlagene Laufspiel der Panthers, welches auf den Schultern des dritten Runningbacks Nick Goings ruhte, auf insgesamt 36 Yards zu limitieren.

Goings selbst steuerte lediglich zwei Yards bei, da er das Spiel frühzeitig mit einer Gehirnerschütterung verlassen musste und durch Jamal Robertson ersetzt wurde, welcher in seinem Jahr 2002 für Düsseldorf Rhein Fire spielte und dort offensiver MVP der NFL Europe wurde. Des Weiteren fand auch Receiver Steve Smith keinen Freiraum gegen die starke Secondary der Seahawks und konnte den Ball nur fünfmal fangen - wobei er bei einem Ballbesitz den Ball fumbelte.

So konnte man natürlich kein Spiel gewinnen und die Panthers verabschiedeten sich mit einer 14:34-Niederlage aus der Saison 2005, während Seattle seine erste Super-Bowl-Teilnahme in der 30-jährigen Geschichte des Franchise sicherte.

## Thomas Davis Sr. – Keep Pounding in Person

Als die Carolina Panthers Thomas Davis Sr. im Draft aus Georgia nach Charlotte holten, war ihnen noch nicht klar, ob sie nun, wie von vielen Experten prognostiziert, einen Top Safety oder einen zukünftigen Linebacker bekommen sollten. Was sie jedoch bekamen, war ein Spieler, der niemals aufgeben wollte und so zu einer Inspiration für viele Sportler wurde.

Neben seinen spielerischen Fähigkeiten wie Schnelligkeit, Härte in seinen Tacklings und seiner Variabilität brachte Davis noch Fähigkeiten mit, die ihn von einem sehr guten zu einem außergewöhnlichen Spieler für die Carolina Panthers werden ließen.

Zwischen 2009 und 2011 riss sich Davis ganze dreimal das Kreuzband im rechten Knie. Dieses unglaubliche Verletzungspech hätte im Normalfall das Karriereende eines Profisportlers zur Folge, doch Thomas Davis kämpfte sich jedes Mal zurück und sollte noch zehn weitere Jahre auf dem höchsten Niveau Football in der NFL spielen. Keinem professionellen Athleten war dies nach drei Kreuzbandrissen im gleichen Knie jemals gelungen.

Ein weiteres bemerkenswertes Comeback legte Davis in der Saison 2015 hin. Im NFC Championship Game gegen die Arizona Cardinals brach sich der Linebacker im zweiten Viertel den Unterarm, was für die meisten Spieler das Aus im zwei Wochen später stattfindenden Super Bowl bedeutet hätte. Doch Thomas Davis Sr. wollte sich hiervon das Highlight seines sportlichen Lebens nicht zerstören lassen.

Wenige Stunden nach dem Spiel ließ er sich operieren und so stand er am 07. Februar 2016 tatsächlich im Levi's Stadium beim größten aller Spiele mit einem in einer Manschette eingepackten Arm auf dem Feld.

All dies machte Davis zu einem Führungsspieler auf und abseits des Platzes, von dem sich seine jungen Teamkollegen einiges abschauen konnten.

Neben seinen sportlichen Auszeichnungen, wie der dreimaligen Teilnahme am Pro Bowl, erhielt Thomas Davis 2014 als bisher einziger Spieler der Carolina Panthers für sein karitatives Engagement in der Community von Charlotte den *Walther Payton Man of the Year Award*. Hier setzt er sich mit seiner *Thomas Davis Defending Dreams Foundation*, die er gemeinsam mit seiner Frau Kelly gründete, für sozial schwache Kinder ein.

Nach seinen letzten beiden Karrierejahren bei den Los Angeles Chargers und dem Washington-Football-Team unterschrieb Thomas Davis Sr. einen One-Day-Contract bei den Carolina Panthers, um seine Karriere symbolisch bei dem Franchise, das ihn 15 Jahre zuvor gedraftet hatte, beenden zu können.

**Thomas Davis Sr. (2005-2018)**

- *NFL Pro Bowl (2015, 2016, 2017)*
- *Walter Payton Man of the Year (2014)*

# 7 ZU VIELE VERLETZUNGEN (2006)

Aufgrund der hohen Verletzungsanfälligkeit wurde Runningback Stephen Davis nach der Saison entlassen. Er erhielt zwar in der Folge von den St. Louis Rams noch einen Ein-Jahres-Vertrag, konnte aber an seine starken Jahre nicht mehr anknüpfen. Nach einem Jahr Auszeit unterschrieb er in Carolina einen One-Day-Contract und beendete seine Karriere einen Tag später offiziell als Carolina Panther.

Den ersten Pick im Draft 2006 nutzten die Panthers folgerichtig, um das Laufspiel wieder zu stärken. An 27. Stelle wählten sie DeAngelo Williams von den Memphis Tigers, der bereits auf dem College für mächtig Furore gesorgt hatte und auch in seinen acht Jahren in Carolina mehrere Franchiserekorde brechen sollte.

Bis zum heutigen Tag ist Williams der Spieler mit den meisten Rushing Yards in einer Saison (1.515 Yards in 2008) für die Carolina Panthers. Von den meisten Experten vor dem Draft als Top-Ten-Pick angesehen, fiel Williams ans Ende der ersten Runde, da die meisten Teams, die Bedarf auf der Position des Runningbacks hatten, diese Lücke in der Free Agency schlossen. - Zum Glück für die Carolina Panthers. Im ersten Jahr musste er sich allerdings anfangs hinter DeShaun Foster anstellen und startete lediglich in zwei Spielen.

Den Carolina Panthers blieb auch in dieser Saison das Verletzungspech treu. Direkt im ersten Spiel, einer Niederlage gegen die Atlanta Falcons, verlor man mit Tackle Travelle Wharton, Center Justin Hartwig und Middle Linebacker Dan Morgan drei Schlüsselspieler für den Rest der Saison.

Auch aufgrund dieser Ausfälle gelang es den Panthers nicht, die Bilanz aus dem Vorjahr erneut zu erreichen und landeten am Ende der Saison mit einem Record von 8-8 hinter den New Orleans Saints und verpassten die Play-offs.

# 8 AUF DER SUCHE NACH DER PLAY-OFF-FORM (2007)

Im Draft der folgenden Off-Season konnten die Carolina Panthers gleich drei Spieler verpflichten, die sich über Jahre auf ihrer Position als Starter in die Herzen der Fans spielen konnten. In Runde 1 wählte Carolina Linebacker John Beason, der in seiner Zeit bei den Panthers von 2008 bis 2010 dreimal im Pro Bowl stehen sollte und sowohl als Inside- als auch als Outside Linebacker eingesetzt wurde.

In Runde 2 holten die Panthers ein Upgrade auf der Position des Centers: Ryan Khalil stieß von der University of South California zum Team und schaffte es in seinen 11 Jahren in Carolina sogar ganze fünfmal in den Pro Bowl.

Als letzter erwähnenswerter Spieler muss Dritt-Runden-Pick Charles Johnson genannt werden, der seine gesamte Karriere in der NFL bei den Carolina Panthers verbrachte und als Defensive End die gegnerischen Quarterbacks terrorisierte.

In der Saison 2007 wollten die Panthers den Weg zurück in die Play-offs finden. Allerdings passierte in Woche 3 etwas, das man in Carolina mittlerweile leider gut genug kannte: Ein Schlüsselspieler verletzte sich. Dieses Mal traf es Starting Quarterback Jake Delhomme, für den die Saison mit einer Ellbogenverletzung vorzeitig beendet war.

In der Folge sollte also Backup Quarterback David Carr, den man in der Off-Season verpflichtet hatte, das Team übernehmen. Allerdings verletzte auch dieser sich nach zwei durchwachsenen Leistungen in Woche 5 am Rücken, sodass die Panthers Quarterback Vinny Testaverde mit einem Ein-Jahres-Vertrag aus seinem Ruhestand holten.

Testaverde überzeugte sogleich bei einem deutlichen 25:10-Sieg bei den Arizona Cardinals in Woche 6, um dann jedoch nach einer frühen Bye Week zwei Wochen später im heimischen Stadion, welches 2005 in Bank of America Stadium umbenannt wurde, mit 7:31 gegen die Indianapolis Colts zu verlieren.

Ab diesem Spiel begann ein munteres Quarterback-Wechselspiel zwischen Carr und Testaverde, in dem Coach John Fox beinahe wöchentlich seinen Starting Quarterback tauschte.

Da dies jedoch nicht den gewünschten Erfolg brachte, ließ Fox in den letzten drei Spielen der Saison den unerfahrenen Matt Moore, der bereits einige Snaps als Backup der jeweiligen Starter spielen durfte, beginnen. Dieser erhielt durch seine Auftritte die Auszeichnung *NFL Defensive Rookie of the Month December*, konnte jedoch nicht verhindern, dass die Panthers die Saison erneut mit einem enttäuschenden Record von lediglich sieben Siegen bei neun Niederlagen als Zweiter in der Division abschlossen.

# 9 EIN KLEINER NEUANFANG (2008)

Vor der Saison 2008 fand ein kleinerer Umbruch in der Mannschaft statt, der das Team wieder auf die Erfolgsspur bringen sollte. So trennte man sich unter anderem vom verletzungsanfälligen Linebacker Dan Morgan, Runningback DeShaun Foster und Quarterback David Carr.

Im Gegenzug gelang es Marty Hurney, Muhsin Muhammad nach zwei Jahren bei den Chicago Bears in der Free Agency zurück nach Carolina zu holen. Dort sollte er wie in seinen besten Zeiten wieder ein kongeniales Duo mit Steve Smith bilden.

Im Draft holten die Panthers direkt zwei Spieler in der ersten Runde: Mit dem 13. Pick konnte man Runningback Jonathan Stewart von den Oregon Ducks gewinnen.

**Double Trouble**

*Sieben Jahre lang (von 2008-2014) bildeten DeAngelo Williams und Jonathan Steward eines der gefährlichsten Runningback-Duos der NFL und brachten die gegnerischen Verteidigungen zur Verzweiflung. Gemeinsam brachten sie nicht nur den Spaß zurück ins Backfield der Carolina Panthers, sondern brachen gleich mehrere Franchiserekorde, die zum Teil bis heute Bestand haben.*

**DeAngelo Williams (2006-2014)**

- *NFL Pro Bowl (2009)*
- *Zweimal Platz 1 Rushing Touchdowns der NFL (18 TD, 2008; 11 TD, 2015)*
- *Platz 1 Panthers Rushing Yards einer Saison (2008, 1.515 Yards)*

**Jonathan Stewart (2008-2017)**

- *NFL Pro Bowl (2015)*
- *Platz 1 Panthers Rushing Leader (7.318 Yards)*

Für den zweiten Spieler tradeten die Carolina Panthers nach oben und gaben für den Erst-Runden-Pick der Eagles ihren Zweit- und Viert-Runden-Pick des Drafts 2008 sowie den Erst-Runden-Pick des folgenden Jahres an Philadelphia ab. So gelang es, direkt an der 19. Position mit Jeff Otah eines der vielversprechendsten Tackle Prospects seines Jahrgangs zu holen. Dieser sollte als rechter Tackle die Offensive Line stärken, was in der Premierensaison auch vom Start weg gelang. Leider warfen Knieprobleme den in Nigeria geborenen Otah immer wieder zurück, sodass er in seinen vier Jahren in der NFL lediglich 29 Spiele bestritt.

Mit diesem Team sollte es also gelingen, wieder in den Play-offs zu spielen. Und dies erreichten die Panthers auf beeindruckende Art und Weise. Kaum einem Team gelang es, sich auf die Offense der Panthers einzustellen. Verstärkte man die Run Defense, zerlegte Jake Delhomme gemeinsam mit seinem Wide-Receiver-Duo die gegnerische Defense, füllte man jedoch die Secondary mit zusätzlichen Spielern, überrannten Smash und Dash, wie Williams und Steward von den Fans gerne genannt wurden, den Gegner.

Bemerkenswert hier war besonders das 35:31 gegen die Green Bay Packers im Lambeau Field, als DeAngelo Williams mit vier Rushing Touchdowns einen Franchiserekord aufstellte.

Carolina schloss die Saison mit 12 Siegen ab und sicherte sich so nicht nur den Titel in der NFC South, sondern auch den zweiten Platz in der NFC. Dadurch hatten sie eine Bye Week in der Wild-Card-Play-off-Runde.

In der Divisional Round trafen die Panthers dann im heimischen Bank of America Stadium auf die Arizona Cardinals, die man in der Saison noch mit 27:23 schlagen konnte. Die Cardinals erwischten jedoch auf jeder Seite des Balls einen absoluten Sahnetag.

Offensiv gelang es dem Team um Quarterback Kurt Warner ein ums andere Mal, den Ball in die Endzone zu bringen, vorzugsweise abgeschlossen durch kurze Läufe. Doch vor allem die Defensive von Arizona dominierte die Offense der Panthers nach Belieben. Sie zwangen Jake Delhomme zu insgesamt sechs Turnovern – zu einem Fumble und zu ganzen fünf Interceptions.

Durch diese schwache Vorstellung verabschiedeten sich die Panthers mit einem 13:33 direkt wieder aus den Play-offs und konnten ihren starken Eindruck aus der regulären Season leider nicht bestätigen.

# 10 DAS ENDE EINER CINDERELLA-STORY (2009)

Sowohl der Draft als auch die Off-Season der Saison 2009 brachte keine nennenswerten Spieler zu den Carolina Panthers und die Mannschaft blieb in der Grundstruktur zusammen. Die Hoffnung war daher groß, eine ähnliche Saison wie im Jahr davor auf das Feld zu bekommen.

Leider erwischte gerade Jake Delhomme direkt im ersten Spiel einen schlechten Start und knüpfte an seinen gebrauchten Tag bei den Playoffs im Vorjahr an. Zu Hause gegen die Philadelphia Eagles fabrizierte der Quarterback fünf Turnover (vier Interceptions und einen Fumble), woraufhin Coach Fox ihn gegen Ende des Spiels auf die Bank setzte.

In den nächsten Spielen durfte Delhomme wieder von Beginn an spielen, allerdings hatte man das Gefühl, dass die schlechten Auftritte weiterhin in seinem Kopf spukten und ihn sichtlich behinderten. Bereits am dritten Spieltag gingen sieben Interceptions auf sein Konto. Einen Sieg konnte man bis hierhin nicht erringen.

Nach einer Bye Week in Woche 4 fing sich das Team jedoch ein wenig, es kam jedoch nicht mehr an die gute Form der Vorsaison heran.

In Woche 12 brach sich Jake Delhomme gegen die Jets einen Finger an seiner Wurfhand, wodurch seine Saison bereits vorzeitig beendet war und Matt Moore das Team übernahm. Diesem gelang mit vier Siegen aus den letzten fünf Spielen zumindest ein versöhnlicher Abschluss der Saison, die mit einem dritten Platz in der Division und einem ausgeglichenem Record von acht Siegen bei ebenso vielen Niederlagen endete.

# 11 QUARTERBACK-WECHSELSPIEL (2010)

Zur Saison 2010 fand ein größerer Rebuild des Teams statt und wichtige Säulen verließen die Carolina Panthers. So wurde Quarterback Jake Delhomme, dem man nicht mehr zutraute, das Team weiterzuführen, entlassen. Des Weiteren beendete Wide Receiver Muhsin Muhammad seine Karriere.

Der Vertrag von Defensive End Julius Peppers lief aus und die Panthers setzten keinen Franchise Tag ein, da Peppers im Vorfeld mehrfach äußerte, dass er nicht weiter in einer, wie von John Fox bevorzugten 4-3 Defense spielen wollte, sondern seine Stärken klar in einer 3-4 Defense sah. Somit unterschrieb er im März des Jahres bei den Chicago Bears.

Im Draft des Jahres waren ebenso keine großen Sprünge zur Verbesserung des Teams gelungen. Den Erst-Runden-Pick hatte man im Jahr zuvor für einen Zweit- und einen Viert-Runden-Pick im Draft 2009 nach San Francisco getradet.

Von vielen Analysten als Top-Ten-Pick angesehen, fiel Quarterback Jimmy Clausen aus Notre Dame bis in die zweite Runde zu den Carolina Panthers. Diese hofften, mit Clausen einen Spielmacher zu bekommen, der langfristig in die Fußstapfen von Jake Delhomme treten könnte und zum neuen Franchise Quarterback reifen würde. Hierfür sollte er im ersten Jahr langsam hinter Matt Moore an das Tempo der NFL gewöhnt werden.

Auf sein Debüt musste Clausen jedoch nicht lange warten: Nach einem Sack im ersten Spiel gegen die New York Giants im letzten Drive verließ Matt Moore mit einer Gehirnerschütterung das Spiel und Jimmy Clausen durfte für zwei Snaps das Spielfeld betreten. Nach zwei unvollständigen Pässen war auch dessen Arbeitstag wieder vorbei und die Panthers gingen als Verlierer vom Platz.

Eine Woche später war Matt Moore wieder spielbereit und startete im zweiten Spiel gegen Tampa Bay. Nach einer schlechten Leistung in den ersten drei Vierteln fand er sich auf der Bank wieder und wurde gegen

Jimmy Clausen ausgetauscht. Doch auch dieser konnte nicht wirklich überzeugen, fumbelte in drei Drives einen Snap und warf eine Interception. Erneut verlor Carolina und stand nach zwei Spielen ohne Sieg da.

Trotz dieser Leistung schien John Fox in seinem neuen Quarterback mehr zu sehen als in Moore und ließ Clausen in den nächsten drei Spielen starten. Alle diese Spiele gingen jedoch verloren, Clausen brachte es insgesamt nur auf einen Touchdown bei drei Interceptions und sieben Fumbles, von denen zwei vom Gegner erobert werden konnten.

Wieder tauschte Fox den Quarterback, allerdings war an diesem Punkt klar, dass keiner der Spielmacher im Roster das Zeug dazu hatte, diese Saison erfolgreich zu gestalten, geschweige denn, das Team in den nächsten Jahren anzuführen. Am Ende der Saison stand Carolina mit der zweitschlechtesten Bilanz in der Geschichte des Franchise mit lediglich zwei Siegen und 14 Niederlagen da.

Dies besiegelte zugleich das Ende einer Ära – Head Coach John Fox sowie sein gesamter Coaching Staff wurden entlassen. Die Carolina Panthers wollten einen frischen Start im neuen Jahr, mit einem neuen Coach und dem First Overall Pick im nächsten Draft.

# IV

# GEKOMMEN, UM ZU BLEIBEN

**2011**
**11. Januar**
Ron Rivera wird neuer Head Coach.

**2012**
**22. Oktober**
General Manager Marty Hurney wird entlassen.

**2013**
**David Gettleman** wird neuer General Manager.

**NFC South (12-4)**
Divisional Round vs. San Francisco 49ers (10:23)

**Ron Rivera** Coach of the Year

**2014**
**NFC South (7-8-1)**
Wild Card Round vs. Arizona Cardinals (27:16)
Divisional Round at Seattle Seahawks (17:31)

**2015**
**NFC South Champion (15-1)**

**NFC Champion**

**Super Bowl 50** Carolina Pathers vs. Denver Broncos (10:24)

**Ron Rivera** Coach of the Year

**Cam Newton** MVP

**2017**
**17. Juli**
GM David Gettleman wird entlassen, Marty Hurney kehrt zurück.

**Regulär Season (11-5)**
Wild Card Round at New Orleans Saints (26:31)

**17. Dezember** Jerry Richardson erklärt den Verkauf des Teams.

**2018**
**David Tepper**
wird neuer neuer Eigentümer des Franchise.

**2019**
**13. Oktober**
International Games London Carolina Panthers at Tampa Bay Buccaneers (37:26)

**3. Dezember**
Ron Rivera wird entlassen, Perry Fewell wird Interims-Head-Coach.

# 1 RON RIVERA – DER NEUE HEAD COACH

Am 11. Januar 2011 stellten die Carolina Panthers Ron Rivera als neuen Head Coach vor. Viele NFL-Experten und Journalisten waren sich einig, dass ein Posten als Cheftrainer für Rivera längst überfällig war. Schließlich absolvierte er über die letzten Jahre bereits acht Interviews bei verschiedenen Teams, die auf der Suche nach einem neuen Head Coach waren. Ron Rivera schien daher als Nachfolger von John Fox eine gute Wahl, wie ein Blick auf seinen Werdegang verrät.

Der am 7. Januar 1962 im kalifornischen Ford Ord geborene Ronald Eugene Rivera war bereits in seiner Kindheit und Jugend ein talentierter Sportler. Als Jugendlicher spielte er leidenschaftlich gerne Baseball und Basketball, ehe er zum American Football wechselte.

Hierbei war es für ihn nicht leicht, sich einer festen Gruppe anzuschließen, da sein aus Puerto Rico stammender Vater Eugene Rivera bei der Army diente, was viele Versetzungen im In- und Ausland zur Folge hatte. Die Familie musste häufig umziehen und Rivera wuchs unter anderem auf Militärbasen in Panama, den USA und auch in Deutschland auf.

Nachdem sich die Familie in Kalifornien niedergelassen hatte, studierte Rivera in Berkeley an der University of California, wo er drei Jahre lang bei den Golden Bears, dem Team der Universität, auf der Linebacker-Position Football spielte. Zwar konnte er mit den Bears während seiner Collegekarriere kein Bowl Game erreichen, wurde aber unter anderem 1983 als *PAC-10 Football Defensive Player of the Year* ausgezeichnet. Während seiner Studienzeit lernte er auch seine heutige Frau Stephanie Rivera kennen, die in der Basketballmannschaft von Berkeley spielte.

Im NFL-Draft 1984 wurde Rivera in der zweiten Runde an 44. Stelle von den Chicago Bears ausgewählt, für die er insgesamt neun Saisons als Linebacker und in den Special Teams auf dem Feld stand. Während seiner aktiven Karriere erreichte er mit den Bears siebenmal die Play-offs und auch den Super Bowl XX in der Saison 1985, den die Bears mit 46:10 gegen die New England Patriots gewannen.

In insgesamt 137 Spielen, die Ron Rivera für das Team aus der Windy City auf dem Platz stand, schaffte er siebeneinhalb Sacks, fing neun Interceptions, hatte sechs Fumble Recoveries und erzielte einen Touchdown.

Nach seiner aktiven Zeit arbeitete Rivera von 1993 bis 1996 zunächst als TV-Analyst für den *Sports Channel Chicago*. Jedoch fehlte ihm die Nähe zum Footballfeld und den Spielern und so kehrte er 1997 als Quality Control Coach zu den Chicago Bears zurück.

1999 wechselte Ron Rivera als Linebacker Coach zu den Philadelphia Eagles, die zu dieser Zeit von Andy Reid trainiert wurden. Mit Reid und den Eagles erreichte Rivera dreimal das NFC Championship Game, bevor es ihn 2004 wieder zurück nach Chicago zog, um dort als Defensive Coordinator tätig zu werden.

Gleich im Jahr darauf gewannen die Chicago Bears die NFC North, nicht zuletzt aufgrund ihrer starken Defense, und Rivera wurde als *Assistant Coach of the Year* ausgezeichnet. Auch in der folgenden Saison verfügten die Bears über eine der dominantesten Defenses der Liga und erreichten den Super Bowl XLI gegen die Indianapolis Colts, die das Endspiel der NFL-Saison 2006 letztendlich gewannen.

Ein Engagement als Linebacker Coach führte Ron Rivera zurück nach Kalifornien. In San Diego, wo im Jahr 2007 noch die Chargers angesiedelt waren, übernahm er ein Jahr später dort die Rolle des Defensive Coordinators unter Head Coach Norv Turner. Die Chargers gewannen in den Jahren 2007, 2008 und 2009 jeweils die AFC West und spielten in den Play-offs.

Diese mitunter recht erfolgreiche und beeindruckende Laufbahn als Positionscoach oder als Defense Coordinator ermöglichte Ron Rivera schließlich seinen ersten Posten als Cheftrainer in der NFL.

Als vierter Head Coach der Carolina Panthers war Rivera nach Tom Flores und Tom Fears erst der dritte NFL-Head-Coach mit lateinamerikanischen Wurzeln. Die große Mehrheit der Cheftrainer in der NFL sind nach wie vor weiße Männer. Die Liga ist in dieser Hinsicht mehr als rückständig.

Dies ist sicherlich mit ein Grund, warum es auch bei Rivera lange dauerte, bis er endlich die Möglichkeit eines Head-Coach-Postens bekam.

Nicht nur seine sportlichen Erfolge und Leistungen als Trainer machten Rivera zu einem vielversprechenden Kandidaten für die Panthers. Auch seine sympathische Art und sein kameradschaftlicher Umgang mit Kollegen und Spielern wird bis heute von vielen geschätzt. Tight End Greg Olsen, der ebenfalls 2011 nach Carolina kam, beschrieb dies einige Jahre später sehr treffend:

*„An dem Tag, als ich 2011 zu den Panthers getraded wurde, sagte mir auf meinem Weg nach draußen jeder Spieler, der für Ron in Chicago gespielt hatte, dasselbe: ‚Du wirst für einen großartigen Trainer spielen, aber für einen noch besseren Menschen.'"*

Die grundlegende Philosophie und Vision für den NFL-Football in Charlotte, die natürlich aufgrund seiner bisherigen Laufbahn stark von der defensiven Seite des Footballs geprägt war, formulierte Rivera bei seiner Antrittspressekonferenz folgendermaßen:

*„Wir werden ein aggressives, physisch spielendes Footballteam sein, ob wir mit dem Football laufen, den Football werfen, in der Pass Protection oder beim Tackling. Ich möchte, dass das Team über eine physische, klare Identität verfügt, die den Job erledigt."*

Wie jeder neue Head Coach stand auch Ron Rivera bei den Panthers gleich zu Beginn vor einigen Herausforderungen. Schließlich ist ein neuer Head Coach in der Regel die Antwort eines Franchise auf eine oder mehrere Spielzeiten, die nicht gerade von Erfolg gekrönt waren. Die Panthers beendeten die Saison 2010 mit nur zwei Siegen und hatten damit den ersten Pick im NFL-Draft 2011 sicher.

Obwohl man im vorangegangenen Jahr mit Jimmy Clausen einen jungen und vermeintlich vielversprechenden Quarterback in der zweiten Runde ausgewählt hatte, wurde erwartet, dass Rivera eine Lösung für die Quarterback-Situation der Panthers fand.

Andrew Luck, der bereits auf dem College als absolutes Top-Quarterback-Talent auf sich aufmerksam machte und als sehr früher Pick im Draft 2011 gehandelt wurde, entschied sich Anfang 2011, doch noch ein weiteres Jahr auf dem College in Stanford zu bleiben. Aufkommende Gerüchte, dass dies mit der Draft-Position der Panthers zu tun hatte, wurden von Luck später dementiert.

Also mussten sich die Panthers und ihr neuer Head Coach Ron Rivera etwas anderes einfallen lassen, wie die kommende Lösung für die wichtigste Position im American Football aussehen sollte.

# 2 CAM NEWTON – DAS GESICHT DER CAROLINA PANTHERS

Wer ist der beste Spieler eines Teams oder Vereins?

Diese Frage wird sicherlich in allen Fankreisen, unabhängig von der Sportart, diskutiert. Innerhalb der Panthers-Fangemeinde gibt es allerdings eine interessante Erweiterung dieser Frage. Wide Receiver Steve Smith wird von den meisten Fans als der beste Spieler angesehen, der für die Carolina Panthers jemals auf dem Footballfeld stand. Wenn man vom wichtigsten Spieler für das Franchise spricht, ist die Antwort ebenso eindeutig.

Cam Newton war für fast eine Dekade das Gesicht des Franchise und ist mit Sicherheit einer der Gründe, warum die Panthers auch in Deutschland immer populärer geworden sind. Nicht ohne Grund ist er auf dem Umschlag dieses Buchs zu sehen und der Blick auf seine Laufbahn wird auf den folgenden Seiten etwas ausführlicher erzählt.

Der reguläre NFL-Draft 1995, der nach dem Expansion Draft für die Jaguars und Panthers stattfand, war bis 2011 der einzige Draft, in welchem die Panthers den allerersten Pick innehielten. Allerdings tauschten sie 1995 ihre Position im Draft mit den Cincinnati Bengals. 16 Jahre später behielten sie den ersten Spot und entschieden sich für den Quarterback Cameron Jerrell Newton von der Auburn University.

Anders als in den letzten Jahren, in denen Quarterbacks wie Trevor Lawrence, Joe Burrow oder auch Kyler Murray schon vor dem Draft als relativ sichere First-Overall-Picks galten, wurde Cam Newton nicht unbedingt als „der" Top-Prospect angesehen. Obwohl er im Jahr zuvor die *Heisman-Trophäe*, den Preis für den besten Collegespieler, gewann und mit den Auburn Tigers eine sensationelle Saison spielte, gab es einige Experten und Analysten, die nicht daran glaubten, dass er das Potenzial für den ersten Pick im Draft mitbrachte.

Mit seiner beeindruckenden Größe von 1,96 Meter und einem Gewicht von 112 Kilogramm hatte er im Grunde die Statur eines Defensive Ends und die Dominanz seines Laufspiels, gepaart mit seiner Armstärke, machten ihn zu einem athletischen „Freak". Selbstverständlich gab es auch vor Cam Newton schon Quarterbacks wie etwa Michael Vick, die im Laufspiel einen Unterschied machen konnten. Cam Newton begründete jedoch eine neue Welle von laufenden Quarterbacks wie Robert Griffin III. oder Colin Kaepernick und die Coaches in der NFL ließen sich mehr auf diese Dimension des Quarterback-Spiels ein.

Allerdings spielten Quarterbacks mit dieser Spielweise damals noch nicht die gleiche Rolle wie in der heutigen NFL, wo mit Spielern wie Lamar Jackson, Josh Allen oder Jalen Hurts gleich mehrere Teams über einen Quarterback verfügen, deren Laufspiel ein sehr dominantes Element in der Offense ist.

Zum einen stellten Experten und Scouts Newtons Genauigkeit im Passspiel infrage und zweifelten auch stark daran, dass sich seine Rolle, die er in der Offense von Auburn einnahm, auf die NFL übertragen lassen würde. Viele schrieben ihm auch einen schlechten Charakter mit einem „aufgesetzten Lächeln" zu und nannten ihn unaufrichtig.

Besonders der Draft-Analyst Nolan Nawrocki schrieb einen vernichtenden Scouting-Report, in dem er Cam Newton prognostizierte, dass dieser niemals in der Lage sein würde, ein Team zu führen und es ihm an Konzentration und Vertrauenswürdigkeit fehle.

Zum Teil hatten die Vorwürfe mit seiner Anfangszeit an der University of Florida zu tun. Hierzu mehr auf den folgenden Seiten dieses Kapitels. Dass man ihm allerdings unter anderem eine zu geringe Spielintelligenz vorwarf, hatte zweifelsfrei einen rassistischen Hintergrund.

Bezugnehmend auf den damaligen Quarterback der Houston Texans, Deshaun Watson, postete Lynn Redden, ein ranghohes Mitglied der Schulbehörde in Texas, im Jahr 2019 folgenden Kommentar auf seiner Facebook®-Seite:

*„Wenn man präzise Entscheidungen treffen muss, kann man sich nicht auf einen schwarzen Quarterback verlassen."*

Cam Newton war 2011 nach Michael Vick und JaMarcus Russell erst der dritte schwarze Quarterback, der mit dem ersten Pick ausgewählt wurde. Aufgrund von rassistischen Ressentiments wurde schwarzen Quarterbacks zwar häufig eine überlegene, da angeborene, Physis zugeschrieben, ihre Spielintelligenz wurde jedoch immer wieder angezweifelt.

Mit Spielern wie Von Miller, AJ Green, Julio Jones und Patrick Peterson waren in der Draft-Klasse 2011 auch einige Footballtalente vertreten, die den Panthers, abgesehen von der Quarterback-Position, ebenso die Möglichkeit gegeben hätte, das Team zu verbessern.

Bereits die Collegekarriere begann für Cam Newton alles andere als problemlos, ehe es zumindest sportlich nach seinem Wechsel nach Auburn bergauf ging. In den Jahren 2007 und 2008 spielte Newton bei den Florida Gators unter Head Coach Urban Meyer. Sehr viel Spielzeit bekam er dort allerdings nicht. Tim Tebow, einer der erfolgreichsten Collegespieler, war der Starting Quarterback der Gators und Newton lediglich sein Backup.

Ende 2008 wurde Newton beschuldigt, den Laptop eines Kommilitonen gestohlen zu haben. Im Bericht der Campus-Polizei war zu lesen, dass der Laptop zu Cams Zimmer zurückverfolgt werden konnte und er den Laptop aus dem Fenster warf, als die Polizei bei ihm klopfte.

Im Rahmen der Untersuchungen wurde er von den Footballaktivitäten ausgeschlossen. Die Klage gegen ihn wurde fallen gelassen, da er vor dem Gerichtstermin ein Resozialisierungsprogramm durchlief und Sozialstunden ableistete.

Doch leider war dies nicht der einzige Grund für Cams Probleme in Florida. Die Universität warf ihm außerdem akademisches Fehlverhalten vor, da er in mindestens drei Fällen Studienarbeiten eingereicht hatte, die jedoch nicht von ihm geschrieben wurden. Cam entging dem Rauswurf an der University of Florida, indem er das College freiwillig verließ und Anfang des Jahres 2009 an das kleine Blinn Junior College in Texas wechselte.

In seiner Zeit am Blinn College fand er wieder zurück in die Spur. Fern von der großen Bühne und seinen Problemen, bekam er durch das Junior College Struktur in sein akademisches und sportliches Leben. Mit den Blinn Buccanneers, der Footballmannschaft des Colleges, gewann er in diesem Jahr die nationale Meisterschaft der NJCAA (National Junior College Athletic Association) und kam dadurch wieder in den Fokus von größeren Schulen. Cam bekam schließlich Angebote von der Mississippi State University (MSU), der University of Oklahoma und der Auburn University, an die er dann Anfang 2010 wechselte.

Während seiner Zeit in Auburn wurden Vorwürfe laut, dass Cams Vater Ceceil Newton Senior im Laufe der Verhandlungen bei der Mississippi State und in Oklahoma Anspielungen machte, dass mehr als ein Stipendium notwendig wäre, damit sich sein Sohn für eine dieser Schulen entscheiden würde. Laut einem Untersuchungsbericht der National Collegiate Athletic Association (NCAA) forderte Ceceil Newton angeblich einen hohen Geldbetrag zwischen 120.000 und 180.000 US-Dollar von der MSU als Gegenleistung für die Entscheidung seines Sohnes.

Die Kontroverse begleitete Cam bis zum Championship Game der Southeastern Conference (SEC) im Dezember 2010, jedoch fanden sich letztendlich keine Beweise für Unregelmäßigkeiten oder gar illegale Zahlungen im Laufe seines Recruitings und die Untersuchungen wurden eingestellt.

Abseits dieser negativen Schlagzeilen spielte Cam Newton mit den Auburn Tigers eine unfassbar dominante Saison. Das Team beendete die Saison ungeschlagen mit einer Bilanz von 12 Siegen und siegte schließlich gegen die Oregon Ducks im Endspiel der nationalen Collegemeisterschaft. Cam Newton gewann die *Heisman-Trophäe* als bester Collegespieler mit 30 Passing Touchdowns, 20 Rushing Touchdowns und einem Receiving Touchdown.

Aus der Sicht vieler College-Football-Experten ist es bis heute tatsächlich eine Sensation, dass die Auburn Tigers 2010 mit ihrem Kader die Meisterschaft gewinnen konnten. Neben Cam Newton schafften es nur wenige weitere Spieler des Teams in die NFL.

Absolut bezeichnend, sowohl für Newtons Dominanz im College-Football als auch für die magische Saison der 2010er-Tigers, war das Spiel Auburn gegen Alabama - eine der erbittertsten Rivalitäten im College Football überhaupt. Im sogenannten *Iron Bowl* sah es für die Tigers nach keinem erfolgreichen Spiel aus. Kurz vor Ende der ersten Halbzeit lag Alabama mit 24:0 in Führung.

Was dann folgte, war die größte Aufholjagd in der Geschichte von Auburn, die schließlich als „Camback" in die Geschichte einging. Mit drei Touchdown-Pässen und einem Rushing Touchdown von Newton gewann Auburn vor über 100.000 Zuschauern im Stadion von Alabama schließlich mit 27:28.

Obwohl Cam sich nach der Spielzeit 2010 für den NFL-Draft meldete, kehrte er in den folgenden Jahren immer wieder nach Auburn zurück. Denn trotz seiner sportlichen Erfolge musste er seiner Mutter versprechen, seine schulische Ausbildung zu beenden. Bis ins Jahr 2015 belegte er jeweils Kurse im Frühlingssemester und machte seinen Abschluss in Soziologie.

Trotz aller Zweifel, die viele Analysten in der NFL an Cam Newton als Nummer-eins-Pick im Draft 2011 hatten, entschieden sich Head Coach

Ron Rivera und General Manager Marty Hurney auch nach persönlichen Begegnungen mit Cam und seiner Familie vor dem Draft für ihn.

Bereits in seiner Rookie-Saison bei den Panthers spielte er unfassbar stark. Newton warf Bälle für insgesamt 4.051 Yards und 21 Touchdowns. Damit brach er unter anderem den Rekord von Peyton Manning aus dem Jahr 1998. Auch heute – über zehn Jahre später – belegt Cam Newton noch immer den dritten Platz hinter Andrew Luck (2012) und Justin Herbert (2020) für Passing Yards von Rookie Quarterbacks.

Mit 14 erlaufenen Touchdowns steht er zudem bis heute auf dem ersten Platz für Rushing Touchdowns aller Rookie Quarterbacks. Auf dem zweiten Platz befindet sich Billy Kilmer, der es im Jahr 1961 auf zehn Touchdowns brachte.

Mit seinem Einsatz für die Stadt Charlotte und mit seinen sozialen Projekten stand Cam auch abseits des Footballfeldes immer im Rampenlicht. Der Fokus seiner wohltätigen Arbeit lag dabei von Anfang an immer auf den jüngsten Mitgliedern der Gemeinde.

Mit seiner 2012 gegründeten Stiftung, der *Cam Newton Foundation*, startete er mehrere Initiativen, um Kinder und Jugendliche aus sozial benachteiligten Familien zu unterstützen. Beim jährlichen *Cams Thanksgiving Jam* verteilte er an Thanksgiving Mahlzeiten an Kinder und ihre Familien und besuchte im Rahmen von *Santa Cams Surprise Sleigh* in der Weihnachtszeit Schulen, um dort Kleidung, Schulmaterial und andere Geschenke an die Kinder zu verteilen.

Auch auf dem Footballfeld waren ihm seine kleinsten Fans immer die wichtigsten Unterstützer. Schon als Rookie begann Cam nach jedem selbsterlaufenen Touchdown, den Ball an einen jungen Fan zu verschenken und versuchte, auch seine Teamkameraden zu überzeugen, dies zu tun. Ursprünglich kam die Idee von seinem Quarterback-Coach und späteren Offensive Coordinator Mike Shula, aber Newton begann mit dem Sunday Giveaway eine Tradition, die er seine ganze Karriere beibehielt.

Eine weitere und bis heute ziemlich bekannte Initiative ist das *Cam Newton 7on7 Programm*, mit dem er junge Footballtalente fördert. Im Rahmen von Trainingslagern und Turnieren soll den Teilnehmern zu besseren Schulrankings verholfen werden, um ihnen so einen Weg auf ein College zu ermöglichen. Über die Jahre haben es sogar einige Teilnehmer dieses Programms in die NFL geschafft. Dabei sind unter anderem sehr bekannte Namen wie die beiden Receiver Michael Gallup und Jakobi Meyers, Runningback Cam Akers und auch Quarterback Justin Fields.

Trotz seines sozialen Engagements war Cam Newton immer ein NFL-Star, der stark polarisierte und häufig in der Kritik stand. Sein extravaganter Kleidungsstil, die Superman Pose, oder der berühmte „Dab" nach einem erlaufenen Touchdown brachten ihm immer wieder den Vorwurf ein, einen arroganten Charakter zu haben. Seine Mitspieler, Trainer und andere Wegbegleiter standen jedoch immer komplett hinter ihm und beteuerten, dass es keinen härter arbeitenden und besseren Teamkameraden als Cam Newton gäbe.

Viele Dinge, die bei anderen Spielern kein Problem darstellen, wurden in Newtons Fall in der Regel ziemlich aufgebauscht und machten deutlich, dass auch in der Spitze der Liga mit zweierlei Maß gemessen wird.

Vieles davon passierte erst im weiteren Verlauf seiner Karriere bei den Panthers.

Spielerisch entwickelte sich Cam Newton bei den Panthers zu allem, was einen Franchise-Quarterback ausmacht. Seine Athletik und die Art, wie er sein Team anführte, machten ihn für viele Jahre zu einem unglaublich dominanten und schwer zu verteidigenden Spielmacher. Auch sein charismatisches Auftreten und seine Wohltätigkeitsarbeit machten ihn fast eine Dekade lang zur Ikone der Carolina Panthers.

**Cam Newton (2011-2019, 2021)**

- *NFL Offensive Rookie of the Year (2011)*
- *NFL Offensive Player of the Year (2015)*
- *NFL Most Valuable Player (2015)*
- *NFL Pro Bowl (2011, 2013, 2015)*
- *Nominierung Walter Payton Man of the Year Award (2019)*
- *Panthers All-time Passing Leader: 29.725 Yards*
- *Panthers Rushing Touchdowns: 632*
- *Panthers Passing Touchdowns: 186*
- *Rushing Touchdowns insgesamt: 75 (die meisten aller Quarterbacks in der NFL)*

# 3 LAUFENDE PANTHER (2011)

Im ersten Jahr von Ron Rivera und Cam Newton konnten sich die Panthers im Vergleich zum Vorjahr schon deutlich verbessern. Zwar lagen sie mit einer Bilanz von sechs Siegen zu zehn Niederlagen schon noch deutlich von einer Play-off-Platzierung entfernt, aber eine Steigerung insbesondere auf der offensiven Seite des Balls lag auf der Hand.

Besonders im Laufspiel machte die Offense mit ihren Zone-Read-Elementen einen deutlichen Sprung. Dies lag natürlich auch an Cam Newtons Einfluss, jedoch spielte das Runningback-Duo, bestehend aus Jonathan Stewart und DeAngelo Williams, der während der Off-Season eine Vertragsverlängerung über fünf Jahre unterschrieb, eine sehr gute Saison.

Die Carolina Panthers von 2011 waren nach dieser Saison das erste Team in der NFL, in dem drei Spieler über 700 Rushing Yards erreichten. Williams lief über die Saison für 836 Yards, Stewart für 761 Yards und

Cam Newton, der nach dieser Saison zum *Offensive Rookie of the Year* gekrönt wurde, kam auf 706 Rushing Yards.

Die Footballanalysten *Football Outsiders* attestierten den Panthers dieser Saison die beste Rushing Offense der NFL seit Beginn der Aufzeichnungen solcher Statistiken im Jahr 2003.

Noch vor dem Start der Saison 2011, bekamen die Panthers ein weiteres Puzzlestück, um die Offense zu verbessern. Durch einen Trade mit den Chicago Bears für einen Pick in der dritten Runde des Drafts 2012 konnten die Panthers einen Spieler verpflichten, der für die kommenden Jahre einer der wichtigsten Spieler des Teams wurde.

## Greg Olsen – Mister Zuverlässig

Greg Olsen wurde am 11. März 1985 im US-Bundesstaat New Jersey als Gregory Walter Olsen geboren. Seine ersten Footballerfahrungen machte er an der Highschool in Wayne Wills in seiner Heimatstadt. Nach der Highschool galt Olsen als ein Top-Tight-End-Talent und er folgte 2003 seinem älteren Bruder Chris Olsen an die University of Notre Dame. Nachdem Chris Olsen kurz darauf zur University of Virginia wechselte, wollte Greg nicht in Notre Dame bleiben und wanderte schon ein paar Wochen nach seiner Ankunft an die University of Miami ab, ohne einen Snap für die „Fighting Irish" gespielt zu haben.

Im NFL-Draft 2007 wurde er von den Chicago Bears mit dem 31. Pick in der ersten Runde ausgewählt und verbrachte die ersten vier Jahre seiner Karriere dort.

Obwohl er im Jahr 2009 eine recht gute Saison für Chicago spielte (612 Yards und fünf Touchdowns), ließ seine Leistung unter dem neuen Trainerstab in den kommenden beiden Jahren nach. Ende Juli 2011 wurde Greg Olsen dann zu den Carolina Panthers getraded - obwohl er ein paar Monate zuvor einen wesentlichen Anteil daran hatte, dass die Bears das NFC Championship Game erreichten.

In Carolina zeigte sich sehr schnell, dass die Panthers mit dem großen und blonden Tight End einen sehr besonderen Spieler in den Kader bekommen hatten.

In den Spielzeiten 2014, 2015 und 2016 hatte Greg Olsen als erster Tight End der NFL-Geschichte drei aufeinanderfolgende Saisons mit über 1.000 Receiving Yards und wurde in denselben Jahren in den NFL Pro Bowl gewählt. Nach fünf Pro-Bowl-Teilnahmen von Wesley Walls ist Greg Olsen erst der zweite Tight End der Panthers, der es in die All-Star-Auswahl der NFL schaffte.

Zusammen mit Cam Newton bildete Olsen eines der erfolgreichsten offensiven Duos der NFL zu dieser Zeit. Die Chemie zwischen beiden stimmte perfekt und Olsen wurde im Laufe der Zeit für Newton die wichtigste und zuverlässigste Anspielstation. Daher auch sein Spitzname – *Mister Reliable.*

Seine ruhige und positive Erscheinung machte Greg Olsen zu einem großen Sympathieträger bei den Fans. Über seine ganze Karriere hinweg blieb er ein vorbildlicher Sportler ohne Skandale und negative Schlagzeilen.

Ein privater Schicksalsschlag im Jahr 2012, ein Jahr nach der Ankunft in Carolina, war der Auslöser, dass sich Greg Olsen und seine Frau Kara bis heute für die Stadt Charlotte einsetzen. In jenem Oktober brachte Kara Olsen Zwillinge zur Welt. Unter normalen Umständen sicherlich ein Grund zur Freude, jedoch litt eines der Kinder unter einer angeborenen Herzkrankheit.

In seinen ersten acht Lebensjahren musste Trent Jerry Olsen, genannt TJ, dreimal am offenen Herzen operiert werden. Kara Olsen war klar, dass ihr Sohn eine Menge an Fürsorge und Folgebehandlungen benötigte und so rief das Paar die *HEARTest Yard Foundation* ins Leben. Die Stiftung ermöglicht Herzpatienten des Charlotte-Levine-Kinderkrankenhauses und deren Familien zusätzliche Unterstützung, Therapien und Nachsorgeuntersuchungen, sobald die Kinder wieder nach Hause zurückkehren können.

Durch die Stiftung und natürlich durch weitere Unterstützung von Greg und Kara Olsen wurde im Oktober 2020 eine hochmoderne Spezialstation, das *HEARTest Yard Congenital Heart Center*, im Levine-Krankenhaus eröffnet, um eine noch bessere Versorgung von Kindern mit Herzkrankheiten zu ermöglichen. Für sein herausragendes Engagement wurde Greg Olsen dreimal in Folge für den *Walter Payton Award* nominiert.

**Greg Olsen (2011-2019)**

- *NFL Pro Bowl (2014, 2015, 2016)*
- *Erster Tight End der NFL mit drei aufeinanderfolgenden + 1.000 Yards Saisons*
- *Platz 3 Panthers All-time Receiving Leader: 6.463 Yards*
- *Platz 4 Panthers All-time Receiving Touchdowns: 39*
- *Drei Nominierungen zum Walter Payton Man of the Year Award (2015, 2016, 2017)*

# 4 FEHLSTART (2012)

Trotz aller Verbesserungen in der Offense durch die Neuzugänge Cam Newton und Greg Olsen zeigte sich, dass die Panthers dringend Verstärkung in der Defense brauchen würden, um sich weiter zu verbessern. In der Saison 2011 erlaubte die Panthers Defense im Schnitt 6,2 Yards pro gegnerischem Spielzug und war damit unter den sechstschlechtesten Defenses der ganzen Liga.

Mit Linebacker Luke Kuechly, der in der ersten Runde an neunter Stelle im Draft 2012 ausgewählt wurde und Cornerback Josh Norman kamen unter anderem zwei Spieler in den Panthers Kader, mit denen Ron Rivera und sein Defensive Coordinator Sean McDermott eine Lösung für die defensiven Probleme der Panthers erhofften.

Doch die Panthers starteten sehr schlecht in die zweite Saison ihres Neuaufbaus. Aus den ersten zehn Spielen der Saison konnten nur zwei gewonnen werden. In der siebten Spielwoche, nach der vierten Niederlage in Folge, wurde General Manager Marty Hurney von Teambesitzer Jerry Richardson entlassen.

Marty Hurney war bereits seit 2002 im Amt und demnach auch an den Erfolgen der Panthers in den 2000er-Jahren beteiligt. Allerdings feierten die Panthers im Jahr 2005 ihren letzten Play-off-Sieg und Hurney übernahm für den ausbleibenden Erfolg der letzten Jahre die Verantwortung.

Als General Manager war Hurney zwar für sehr erfolgreiche Draft Picks wie Jordan Gross, Jonathan Stewart und Cam Newton verantwortlich, jedoch beschränkte sich dies meist auf Spieler der ersten Runde. Die Spieler aus der zweiten Runde in den letzten Jahren, wie Jimmy Clausen, Everette Brown, Dwayne Jarrett und Keary Colbert, erwiesen sich als nicht besonders glücklich.

Kritik bekam Hurney unter anderem für seine Philosophie bezüglich teurer Vertragsverlängerungen und Kaderplanung. Der neue Vertrag von DeAngelo Williams wurde als zu teuer für einen Runningback bewertet und trotz Verlängerungen der Linebacker Thomas Davis und James Anderson wurde im Draft Luke Kuechly ausgewählt. Dies erwies sich zwar im Nachhinein als goldrichtig, aber insgesamt zahlten sich die Investitionen von Hurney über viele Jahre einfach nicht aus.

Im Dezember 2012 standen die Panthers bei einem Record von 3–9. Ron Rivera konnte von seinen ersten 28 Spielen als neuer Head Coach lediglich neun gewinnen und Jerry Richardson signalisierte ihm, dass es einen Aufwärtstrend geben müsste. Ansonsten wäre Rivera in der folgenden Saison nicht mehr als Head Coach in Charlotte tätig. Glücklicherweise konnten die Panthers die letzten vier Spiele der Saison gewinnen und Jerry Richardson hielt an Rivera fest.

Mit dem Wissen, dass er auch für die Saison 2013 als Cheftrainer bei den Panthers an der Seitenlinie stehen würde, plante er, ein paar Dinge zu ändern.

Er wollte eine andere, offenere Kultur bei den Panthers etablieren und häufiger in den Dialog mit seinen Spielern kommen. Um für sein Team ein besserer Ansprechpartner zu sein, richtete er sich ein zusätzliches Büro im Panthers Hauptquartier ein - näher bei der Spielerkabine und dem Kraftraum.

In dieser für Ron Rivera sehr wichtigen Zeit in seiner Karriere sprach er immer wieder mit John Madden. Der Erfolgscoach ist bis heute eine Art Vorbild für ihn und zu seinen Lebzeiten auch eine wichtiger Ansprechpartner und Berater für Rivera gewesen. Von ihm hatte Rivera auch den Ratschlag erhalten, besonders mit älteren Spielern ein engeres Verhältnis zu pflegen, um eine Idee zu bekommen, wie die Stimmung innerhalb des Rosters war.

## Luke Kuechly – absolut außergewöhnlich

Mit Luke Kuechly fanden die Panthers ein Jahr, nachdem sie Cam Newton ausgewählt hatten, einen weiteren Ausnahmespieler im NFL-Draft. Auf der Linebacker-Position dominierte Kuechly gegnerische Offenses durch sein hartes Tackling und seine sensationelle Spielintelligenz. In seiner aktiven Zeit galt er als einer der besten Linebacker der gesamten Liga.

Der am 20. April 1991 in Ohio geborene und aufgewachsene Luke August Kuechly zeigte spielerisch Dominanz an der Highschool, wo er sowohl auf der Linebacker- als auch der Safety-Position eingesetzt wurde. Sein Team der St. Xavier Highschool in Cincinnati galt nach der Saison 2007 als das beste High-School-Team der USA.

Kuechly besuchte ab 2009 das Boston College und wurde direkt zum Starting Outside Linebacker der Boston Eagles, da der eigentliche Stammspieler auf dieser Position die Saison aus privaten Gründen verpasste. Bereits im ersten Jahr führte Luke Kuechly die Atlantic Coast Conference (ACC) in Tackles an und wurde als *Defensive Rookie of the Year* ausgezeichnet.

Ein Jahr später wechselte er auf die Position des Middle Linebackers und erzielte die meisten Tackles auf Bundesebene. In seinem Abschlussjahr bekam er den Titel *Defensive Player of the Year* der ACC und einige weitere Auszeichnungen. Zudem wird sein Trikot mit der Nummer 40 bei den Boston Eagles nicht mehr vergeben. Im Dezember 2023 wird Luke Kuechly in die College Football Hall of Fame aufgenommen.

Bei den Carolina Panthers machte Luke Kuechly schließlich dort weiter, wo er seine Collegekarriere beendet hatte. Er startete zunächst als Outside Linebacker, kam aber nach einer Verletzung von Veteran Jon Beason auf die mittlere Position. Aufgrund seiner Leistungen wurde er zum Starter auf dieser wichtigen Position der Defense. In seinem ersten Jahr in der NFL führte er bereits die Liga mit 164 Tackles an. Hinzu kamen acht abgefangene Pässe, ein Sack, zwei Interceptions sowie drei Fumble Recoveries und Luke wurde zum *Defensive Rookie* der NFL-Saison 2012 gekrönt.

Seine Präsenz auf dem Feld machte einen Unterschied. Ob in der Passverteidigung oder beim Versuch, das gegnerische Laufspiel zu unterbinden – Luke Kuechly war ein außergewöhnlicher Spieler.

Seine Athletik und sein sportliches Talent waren aber nur die eine Seite seines Erfolgs. Luke Kuechly war ein Arbeiter – und das nicht nur im Kraftraum oder während des Trainings mit seinen Mannschaftskameraden. Einen großen Teil seiner Arbeit leistete er vor dem Bildschirm.

Mit pedantischer Genauigkeit schaute sich Kuechly Videomaterial von gegnerischen Teams an, um bei entsprechenden Formationen der Gegenspieler herauszufinden, was für ein Spielzug folgen konnte. Mit der Zeit perfektionierte er seine Filmanalysen, sodass er die kommende Aktion der Offense bereits erkannte, noch bevor der Ball überhaupt gesnapped wurde. Mit seinem Fleiß und seinem hohen Maß an Spielverständnis wurde Kuechly ein sehr unangenehmer Gegenspieler.

> *„Mein Problem ist, dass ich nicht der Größte bin. Ich bin auch nicht der Schnellste. Also: Wo kann ich mir einen Vorteil verschaffen? Und das schaffe ich normalerweise an einem Punkt – nämlich vor dem Snap."*

In den folgenden Jahren brach Kuechly weitere Rekorde. 2013 wurde er zum *Defensive Player of the Year* und zum ersten Mal in den Pro Bowl gewählt. Zudem ist er der erste Spieler der NFL-Geschichte, der es in seinen ersten acht Jahren mit 118 Spielen auf 1.000 Tackles gebracht hat. Wenn sonst ein lautes „Keep Pounding" der Panthers-Fans durch das Stadion hallte, hörte man bei Aktionen von Kuechly nur noch ein lautes „LUUU-UUUKE".

Abseits des Feldes war und ist Luke Kuechly ein bodenständiger und bescheidener Mensch. Im Vergleich zu anderen Stars, die sich auch auf Social-Media-Plattformen in Szene setzen, bekommt man von Luke Kuechly nichts mit. Zwar existiert ein Instagram®-Kanal mit 135.000 Abonnenten, aber Inhalte sucht man dort vergebens.

In einem Interview erzählte Kuechly irgendwann, er habe so ein sicheres Passwort gewählt, dass er sich nicht mehr daran erinnern könnte. Sicherlich würde dies zu ändern keinen großen Aufwand darstellen, doch es zeigt einfach, dass Kuechly nicht gerne in der Öffentlichkeit steht.

**Luke Kuechy (2012-2019)**

- *NFL Defensive Rookie of the Year (2012)*
- *NFL Defensive Player of the Year (2013)*
- *NFL Pro Bowl (2013, 2014, 2015, 2016, 2017, 2018, 2019)*
- *NFL Leading Tackler (2012, 2014)*
- *Platz 1 Most Combined Tackles in einem Spiel (24) der NFL (zusammen mit David Harris)*
- *Platz 1 Panthers Tackles for Loss (20)*

# 5 DIE GEBURTSSTUNDE VON „RIVERBOAT“ RON (2013)

Nach der Entlassung von Marty Hurney mitten in der Saison 2012 standen die Panthers ohne General Manager da. Dies änderte sich am 09. Januar 2013. Mit Dave Gentleman brachte Jerry Richardson jemanden mit viel NFL-Erfahrung und auch Erfolgen in das Front Office. David Alan Gettleman hatte schon einige Stationen und Tätigkeiten hinter sich, bevor er seinen ersten Posten als GM bekam.

Im Alter von knapp 20 Jahren arbeitete der 1951 geborene Gettleman als Football-High-School-Trainer in der Kleinstadt Poughkeepsie im Bundesstaat New York, bevor er in den 1980er-Jahren in die Scoutingabteilung der Buffalo Bills wechselte. Nach der Saison 1993 ging er dann nach Colorado, wo er für die Denver Broncos als Scout tätig war.

1998 landete er schließlich bei den New York Giants, wo er sein erstes Jahr ebenfalls noch als Scout arbeitete und in den kommenden Jahren die Karriereleiter im Front Office nach oben kletterte. Als Director of Pro Personnel und Senior Pro Personnel Analyst konnte er in New York viele Erfolge der Giants mitfeiern.

Von 2000 bis 2011 standen die Giants siebenmal in den Play-offs, gewannen viermal ihre Division und 2007 den Super Bowl XLII.

Nun sollte eben dieser Gettleman den Carolina Panthers, die seit 2005 kein Play-off-Spiel mehr gewinnen konnten, dabei helfen, endlich wieder in die Erfolgsspur zu finden.

In den ersten beiden Runden des Drafts 2013 wählten die Panthers zunächst Nose Tackle Star Lotulelei und anschließend Defensive Tackle Kawann Short aus.

Die schlechte defensive Leistung aus dem Vorjahr schien zentraler Ansatzpunkt für die Draft-Strategie Gettlemans zu sein, wenngleich er für die Entscheidung kritisiert wurde, mit den ersten beiden Picks Spieler für die gleiche Position auszuwählen. Aber Gettleman hatte eine Vorliebe für massive und schwere Linemen - *Hog Mollies*, wie er sie nannte. Er war davon überzeugt, dass eine massive Front für ein NFL-Team unbedingt nötig war, um erfolgreich zu sein.

Unter einem *Hog Mollie* versteht man in den USA eigentlich einen Fisch, den Saugkarpfen - auf Englisch Northern Hogsucker - für Gettleman waren dies einfach starke, bullige und massive Spieler, die an der Line of Scrimmage dominieren.

Der Begriff, den Gettleman ursprünglich von einem Scout in seiner Zeit bei den Bills aufschnappte, setzte sich im Übrigen noch weiter durch. So kam der Betreiber der Gastronomie im Bank of America Stadium auf die Idee, ein Hog-Mollie-Sandwich zu verkaufen.

Dave Gettleman war begeistert von der Idee und nach einigen Anpassungen der Rezeptur nach seinen Vorstellungen gab es zur Saison 2014 das Hog-Mollie-Sandwich an den Theken des Stadions zu kaufen.

Der Spielplan der Panthers für die Saison 2013 galt, laut der von der NFL veröffentlichten Strength-of-Schedule-Liste, als der Schwierigste aller Teams. Die ersten beiden Spiele gegen die Seattle Seahawks und die Buffalo Bills wurden verloren und der Start in die Saison stand unter keinem guten Stern.

In Woche 3 gelang den Panthers ein Blow-out-Sieg gegen Dave Gettlemans altes Team, die New York Giants und deren Quarterback Eli Manning. Mit dem Ergebnis von 38:0 konnte Carolina vor heimischer Kulisse einen historischen Sieg feiern. Eine Differenz von 38 Punkten hatte es bei einem siegreichen Spiel in Charlotte noch nie gegeben.

Dieses Momentum hielt jedoch leider nicht an und nach einer frühen Bye Week verloren die Panthers in Arizona gegen die Cardinals und fanden sich nach der fünften Spielwoche bei einem Record von 1-3 wieder.

Ron Rivera, der zwar nach der vorangegangenen Saison eine Art Vertrauensvorschuss von Jerry Richardson erhielt, war sich darüber im Klaren, dass sein Job als Head Coach auf Spiel stand, wenn er nicht mehr Spiele gewinnen würde.

Scheinbar war es den Panthers nicht möglich, unter Rivera enge Spiele zu gewinnen. Von 16 Spielen mit einem Punkteunterschied von einem Touchdown oder weniger gewannen die Panthers mit Ron Rivera an der Seitenlinie lediglich zwei.

Während seiner ersten 34 Spiele als Head Coach gab es keinen anderen Trainer in der NFL, der sich so häufig entschied, nach dem dritten Versuch der Offense einen Punt zu spielen wie Rivera – mit einer Ausnahme: John Fox. Die Philosophie von Riveras Vorgänger: „Ein Punt ist kein schlechter Spielzug", wurde also im Grunde genommen weitergeführt.

Nach der Niederlage in Woche 2 gegen Buffalo – das Spiel endete 23:24 – war ihm bereits klar, dass er hier etwas ändern und risikofreudiger werden musste. Dies äußerte er auch vor der Presse:

*„Es war eine niederschmetternde Niederlage, vor allem, weil wir meiner Meinung nach einiges hätten besser machen können, um das Spiel zu gewinnen, aber vor allem, weil ich eine bessere Entscheidung hätte treffen müssen, um das Spiel zu gewinnen."*

Und Rivera verabschiedete sich von seiner Einstellung und der seines Vorgängers und ging in seinen Entscheidungen mehr Risiken ein. Aus Ron Rivera, dem Head Coach der Carolina Panthers, wurde der „Zocker" Riverboat Ron.

Der Journalist und Panthers-Experte Scott Fowler beschreibt das Spiel gegen die Minnesota Vikings in Woche 6, am 13. Oktober 2013, als die Geburtsstunde von Riverboat Ron.

Bereits im ersten offensiven Drive der Panthers zeigte sich Riveras neue Mentalität. Carolina steht an der 32-Yard-Linie der Vikings. Drei Downs sind bereits gespielt und es fehlt ein Yard für einen neuen ersten Versuch. Anstatt Graham Gano hier ein Field Goal kicken zu lassen, nimmt Rivera ein Time-out und schickt die Offense wieder aufs Feld.

Cam Newton übergibt den Ball an Fullback Mike Tolbert, der sich das neue First Down erkämpft. Einige Plays später stehen die Panthers kurz vor der Goalline und Rivera lässt auch hier die Offense bei einem vierten Versuch weiterspielen. Der Drive endet mit einem Touchdown Pass von Cam Newton auf Steve Smith.

Die Panthers gewannen das Spiel gegen die Vikings und auch die folgenden sieben Spiele. Innerhalb dieser Serie entschied sich Ron Rivera insgesamt achtmal, einen vierten Versuch auszuspielen. Und alle acht Versuche waren erfolgreich.

Neben dem Spiel gegen Minnesota muss auch das Spiel gegen Miami in Woche 12 betrachtet werden. Die Panthers standen mit einem Drei-Punkte-Rückstand an der eigenen 10-Yard-Linie und hatten nur noch 2:33 Minuten Zeit. Rivera entschied sich auch hier, das vierte Down auszuspielen, obwohl die Feldposition mehr als gefährlich war und die Panthers noch zehn Yards Raumgewinn erreichen mussten.

Auch dieses Play war erfolgreich und Rivera ging im weiteren Verlauf des Drives noch weiter. Anstatt ein Field Goal zu versuchen und auf die Verlängerung zu setzen, ließ er sein Team weiterspielen. Ein in der Endzone gefangener Ball von Greg Olsen und ein Extrapunkt brachte den Panthers einen 20:16-Vorsprung, den die Dolphins nicht mehr aufholen konnten.

Die Panthers konnten Spiele gewinnen und die Spieler bemerkten, dass ihr Head Coach ihnen auf dem Feld auch in riskanten Situationen vertraute. Vielleicht war das einfach auch der fehlende Baustein für die Panthers, um endlich einen Schritt nach vorne machen zu können.

Es folgte nur noch eine Niederlage gegen die New Orleans Saints und Carolina beendete die Saison als Sieger der NFC South mit einer Bilanz von 12 Siegen und vier Niederlagen. Die Panthers hatten einen großen Sprung in ihrer Entwicklung gemacht und Riverboat Ron Rivera bekam von der NFL zum ersten Mal den Titel *Coach of the Year* verliehen.

Seit 2008 standen die Panthers nun wieder das erste Mal in den Play-offs und hatten aufgrund ihrer Bilanz in der regulären Saison eine Bye Week in der Wild-Card-Woche. Trotz ihres Fortschritts wurden die Panthers von den San Francisco 49ers mit Quarterback Colin Kaepernick in der Divisional Round mit 23:10 geschlagen.

# 6 STEINIGER WEG (2014)

Die Saison 2014 markierte das 20. Jubiläum der Carolina Panthers in der National Football League. Mit einer Play-off-Teilnahme in der vorigen Saison schien das Team auf dem richtigen Kurs, um sich in jenem Jahr erneut zu steigern.

Doch die Off-Season der Panthers brachte zunächst eher negative Schlagzeilen hervor.

Der Fall Greg Hardy schwebte mehrere Monate lang über dem Franchise. Der Vertrag des Defense Ends, den die Panthers im Draft 2010 in der sechsten Runde auswählten, lief nach der Saison 2013 aus und Hardy wurde Free Agent.

Hardy war ein sehr talentierter Spieler, daran bestand kein Zweifel. In der Saison 2012 erzielte er 11 Sacks und in der folgenden Spielzeit konnte er gegnerische Quarterbacks insgesamt 15-mal hinter der Line of Scrimmage zu Boden bringen.

Neben seinem unbestreitbar spielerischen Können hatte Hardy eine etwas andere, ungewöhnliche Persönlichkeit. Er nannte sich den „Kraken" und trug diese Rolle an Spieltagen auch gerne nach außen. Mit viel schwarzer Schminke im Gesicht und mit schwarzen oder weißen Kontaktlinsen wollte er zeigen, dass „der Krake ein gigantisches Monster ist, das alles, was sich bewegt, zerstört".

Für viele Zuschauer und auch die Medien war seine Außendarstellung natürlich unterhaltsam, aber offensichtlich gab es intern öfter Schwierigkeiten mit Hardys Persönlichkeit. Ron Rivera machte dies in einem Interview deutlich:

> *„Es gab einige Male, als ich zu disziplinarischen Maßnahmen greifen musste. Niemand außer ihm, mir und dem General Manager wusste davon."*

Für das Front Office der Panthers bestand kein Zweifel. Sie wollten Hardy auch in der nächsten Saison im Team haben. Allerdings hatte David Gettleman relativ wenig finanziellen Spielraum für eine Vertragsverlängerung für Hardy. Hier machte sich das Erbe von Marty Hurney bemerkbar. Also belegten die Panthers den Defensive End mit dem Franchise Tag, um ihn zumindest für die kommende Saison an das Team zu binden oder noch etwas Zeit zu gewinnen, um die schwierige Cap-Situation etwa durch Trades oder Ähnliches zu lösen.

Am 13. Mai 2014 wurde Greg Hardy von der Polizei in den frühen Morgenstunden in Charlotte verhaftet. Seine damalige Ex-Freundin Nicole Holder, mit der er scheinbar nach ihrer Trennung noch eine Art offene Beziehung führte, beschuldigte ihn, sie misshandelt und gewürgt zu haben. Außerdem habe er gedroht, sie umzubringen.

Hardy kam unter Auflagen bis zum Verhandlungsbeginn im Juli auf freien Fuß. Nach einer zehnstündigen Verhandlung wurde Hardy für den gewalttätigen Angriff und die Bedrohung von Nicole Holder von der Bezirksrichterin schuldig gesprochen. Sein Anwalt legte sofort Berufung ein und beantragte ein Schwurgerichtsverfahren.

Vonseiten der Panthers war nur zu hören, dass man die Situation zwar bedaure, aber für disziplinarische Maßnahmen gegen Hardy warten wollte, bis das Verfahren, das für Mitte November 2014 terminiert war, abgeschlossen sei.

Hardy absolvierte das normale Trainingscamp der Panthers und spielte auch im Season Opener der Panthers gegen Tampa Bay. Er erzielte in diesem Spiel einen Sack und machte vier Tackles. Die Panthers standen unter großem medialen Druck und die Entscheidung, Hardy spielen zu lassen, wurde sehr kontrovers diskutiert.

Über den Panthers schwebte nach wie vor der Name Rae Carruth und leider standen auch weitere NFL-Spieler anderer Teams aufgrund von häuslicher Gewalt zu dieser Zeit im Rampenlicht. Vom Runningback der Baltimore Ravens ‚Ray Rice' tauchte im Herbst 2014 ein Video auf, wie er seine damalige Verlobte in einem Hotelaufzug bespuckt und bewusstlos geschlagen hatte. Auch der Vikings MVP von 2012, Adrian Peterson, wurde etwa zu dieser Zeit wegen fahrlässiger Körperverletzung an seinem Sohn angeklagt. Peterson soll seinen Sohn als „Erziehungsmaßnahme" mit einem Ast geschlagen haben.

Nachdem das Video von Ray Rice kursierte, wurden die Panthers noch kräftiger für ihre Entscheidung kritisiert, Greg Hardy im ersten Saisonspiel spielen gelassen zu haben.

Die Panthers entschieden sich daher für das zweite Spiel der Saison am 14. September 2014, Hardy aus dem aktiven Kader zu streichen. Drei Tage später wurde er auf die sogenannte *Exempt-List* der Liga gesetzt und durfte an keinen weiteren Teamaktivitäten mehr teilnehmen. Hardy spielte kein weiteres Spiel für Carolina.

Die Entlassung von Steve Smith war für die meisten Panthers-Fans sicherlich die größte Überraschung und wurde nicht unbedingt positiv aufgenommen. Besonders ärgerlich war hierbei, zu sehen, wie Smith in diesem Jahr noch für die Baltimore Ravens auflief und trotz seinen 35 Jahren eine Saison mit 1.065 Receiving Yards und sechs Touchdowns hinlegte.

Mit Jordan Gross beendete ein weiterer Veteran der Panthers seine Karriere. Der Offensive Tackle, der seit 2003 die Blind Side der Panthers Quarterbacks schützte, ist bis heute einer der besten Spieler auf dieser Position, den die Panthers jemals hatten.

Mit dem Abgang von Ted Ginn Jr. zu den Arizona Cardinals verloren die Panthers neben Steve Smith einen weiteren Wide Receiver. Als Konsequenz wurde in der ersten Runde des 2014er-Drafts mit Kelvin Benjamin ein junger Receiver von der Florida State University ausgewählt, der als langfristige Anspielstation für Cam Newton dienen sollte.

Leider schienen die ereignisreichen Monate vor Saisonbeginn eine Art schlechtes Omen für die Panthers zu prophezeien. Nach Woche 4 standen die Panthers nach einer deutlichen Niederlage gegen Baltimore (mit ihrem neuen Wide Receiver Steve Smith) zwar noch mit einer Bilanz von 2-2 da, aber nach einem weiteren Sieg gegen Chicago und einem Unentschieden bei den Cincinnati Bengals folgte eine sechs Wochen andauernde Serie von Niederlagen.

Nach der 13. Woche hatte Carolina einen sehr nüchternen Record von 3-8-1. In der folgenden Woche feierten die Panthers einen fulminanten Auswärtssieg in New Orleans. Zwei Tage nach dem 41:10-Sieg gegen die Saints sorgte ein Ereignis für einen Schock des gesamten Franchise und bei allen Fans.

Am 09. Dezember 2014 war Cam Newton mit seinem Auto auf den Weg in das Panthers Hauptquartier, um sich auf das kommende Spiel gegen den Divisions-Rivalen Tampa Bay vorzubereiten. Auf einem viel befahrenen Highway in Charlotte kam es zu einer Kollision zwischen Newtons Auto und einem anderen Wagen. Der Pick-up-Truck des Quarterbacks überschlug sich mehrere Male und kam auf dem Dach liegend zum Stehen.

Die Nachricht, dass das Gesicht der Carolina Panthers einen Autounfall hatte, machte auch im Radio die Runde und versetzte viele Fans und Bewohner der Stadt in Sorge. Nach etwa einer Stunde gab es jedoch Entwarnung.

Newton zog sich zwar zwei kleine Frakturen im unteren Rücken zu, jedoch hätte es viel schlimmer für ihn ausgehen können. Auch die Tatsache, dass der Unfall auf einer Brücke passierte und sein Wagen aufgrund der Überschläge auch über die Brüstung hätte stürzen können, wurde von der Polizei als großes Glück angesehen.

Cam Newton verpasste nur das folgende Spiel und sein Backup Derek Anderson gewann mit den Panthers die Partie gegen die Tampa Bay Buccaneers.

Bei seiner ersten Pressekonferenz nach dem Unfall sagte Cam zu den Reportern:

*„I'm on somebody's Fantasyteam ... I think it's the man upstairs."*

*„Jemand hat mich in seinem Fantasy Team ... ich glaube, es ist der von oben."*

Die Panthers beendeten die Saison mit einer negativen Bilanz von 7-8-1. Trotzdem gewannen sie zum zweiten Mal in Folge die NFC South und schafften es in die Play-offs. Hierbei waren die Panthers das erste Team der NFC South, dem es zweimal (und ein Jahr später zum dritten Mal) hintereinander gelang, diese Division zu gewinnen.

In der Wild-Card-Runde kamen die Arizona Cardinals zu einem Heimspiel der Panthers ins Bank of America Stadium nach Charlotte. Dies war nach der Divisional Round 2008 die zweite Begegnung zwischen den Cardinals und den Panthers in der Post-Season, welche Arizona damals 33:13 gewann. Doch die Defense der Panthers ließ den Cardinals dieses Mal wenig Spielraum.

Mit einem Raumgewinn für nur 78 Yards über das gesamte Spiel und drei Turnovern waren die Cardinals ziemlich chancenlos. Bis dato waren diese 78 Yards der geringste Raumgewinn in der Post-Season. Die Panthers gewannen ihr erstes Play-off-Spiel seit 2005 mit 27:16 und zogen in die nächste Play-off-Runde ein.

Dieses Spiel markierte erst die zweite Play-off-Begegnung der NFL-Geschichte, bei der ein Team mit einer negativen Bilanz es in die Play-offs schaffte und das erste Spiel der K.-o.-Runde auch gewann.

In der Divisional Round warteten die Seattle Seahawks in einem der lautesten Stadien der NFL auf die Panthers. Auch dies war nach den Cardinals die zweite Play-off-Begegnung zwischen den Teams. Leider konnte Carolina, wie auch neun Jahre zuvor, das Spiel nicht für sich entscheiden. Seattle war mit seiner Legion of Boom zu dominant und mit der Niederlage 17:31 endete die Post-Season der Panthers.

# 7 FAST PERFEKT (2015)

Die Saison 2015 war bislang mit Abstand die erfolgreichste Saison in der Geschichte der Panthers und ist daher auch sicherlich der maßgebliche Grund für die Popularität des Franchise und seiner Schlüsselspieler. Daher lohnt es sich, diese Saison nochmals etwas ausführlicher zu rekapitulieren und vielleicht für einen Moment in Erinnerungen an diese magischen 2015er-Panthers zu schwelgen.

Während der Off-Season, konnten sich die Panthers die Dienste eines alten Bekannten sichern. Wide Receiver Ted Ginn Jr., der bereits 2013 für die Panthers spielte und damals mit fünf erzielten Touchdowns das beste Jahr seiner Karriere hatte, kam nach einem recht erfolglosen Jahr bei den Arizona Cardinals zurück nach Charlotte. Die Verpflichtung des Receivers mit der Nummer 19 stellte sich kurz vor Saisonstart als ein Schlüsselfaktor der Saison heraus.

In der Preseason zog sich Wide Receiver Kelvin Benjamin während des Trainings einen Kreuzbandriss zu. Damit war die Saison des Erst-Runden-Picks 2014 beendet, noch bevor diese überhaupt richtig angefangen hatte.

Als zusätzliche Verstärkung für das Receiver Corps hatten die Panthers in der zweiten Runde des Drafts Devin Funchess ausgewählt. Als Hilfe für Thomas Davis und Luke Kuechly verwendete Carolina den Pick in der ersten Runde für den Linebacker Shaq Thompson.

Nachdem Offensive Tackle Jordan Gross bereits vor der vorangegangenen Saison in den wohlverdienten Ruhestand gegangen und sein Nachfolger Byron Bell nicht die gewünschte Antwort für diese Position war, hatten die Panthers noch eine große Lücke im Kader zu stopfen, um ihren Quarterback zu beschützen.

Nachdem er von den Tennessee Titans entlassen wurde, unterschrieb Michael Oher im März 2015 einen Vertrag über zwei Jahre in Carolina. Die Geschichte des linken Tackles dürfte einigen bekannt sein.

Im Jahr 2006 veröffentlichte Michael Lewis das Buch *The blind side: Evolution of a game*, in dem unter anderem die Geschichte von Michael Oher erzählt wird. Wie Oher es aus prekären Verhältnissen zunächst an die University of Mississippi schaffte und schließlich 2009 von den Baltimore Ravens in der ersten Draftrunde ausgewählt wurde, ist auch im Spielfilm *The Blind Side – Die große Chance* mit Sandra Bullock zu sehen.

Die Möglichkeit zu haben, zusammen mit Cam Newton zu spielen, war laut Oher ein zentraler Faktor, warum er sich während der Free Agency für die Panthers entschieden hatte. Als Beschützer von Cams Blind Side spielte Oher eine der besten Saisons seiner Karriere und erzielte mit nur vier erlaubten Sacks einen Karrierebestwert.

### Woche 1: Carolina Panthers at Jacksonville Jaguars

Das erste Spiel der Saison bestritten die Panthers bei dem zweiten Team, das 1995 gegründet wurde und ebenfalls den Namen einer Raubkatze trägt – den Jacksonville Jaguars.

Für die Offense lief es zunächst etwas holprig. Sowohl Carolina als auch Jacksonville trafen im ersten Viertel jeweils nur ein Field Goal. Eine Interception von Cam Newton blieb zum Glück folgenlos und kurz vor Ende der ersten Hälfte gingen die Panthers mit einem Touchdown nach einem Pass von Newton auf Jericho Cotchery in Führung. Einige Minuten später folgte allerdings der erste Dämpfer. Bei einem Tackling erlitt Luke Kuechly eine Gehirnerschütterung und fiel daraufhin die nächsten drei Wochen aus.

Die Jaguars punkteten im zweiten Quarter mit einem Touchdown, allerdings ging der Extrapunkt an den Goalposts vorbei. Im dritten Viertel fing Josh Norman einen Pass von Jaguars Quarterback Blake Bortles ab und trug den Ball zurück in die Endzone. Pick Six für Carolina! Ein weiteres Field Goal im vierten Viertel beendete das Spiel und die Panthers starteten mit einem Sieg durch einen Punktestand von 20:9 in die Saison.

## Woche 2: Carolina Panthers vs. Houston Texans

Beim ersten Heimspiel der Saison 2015 konnten die Zuschauer ein sehr ausgeglichenes Spiel verfolgen. Houston ging zunächst mit einem Field Goal in Führung und erst im zweiten Viertel gelang Cam Newton ein hoher Pass über 25 Yards auf Ted Ginn Jr. in die Endzone der Texans.

Ginn hatte zuvor einen Drops, aber mit diesem Pass schien ein Knoten geplatzt zu sein und der Receiver war auf dem Weg zur stärksten Saison seiner Karriere. Mit 44 gefangenen Bällen für 739 Yards und zehn Touchdowns war Ted Ginn Jr. neben Greg Olsen (77 Receptions für 1.104 Yards und sieben Touchdowns) eine wichtige und tragende Säule für die Panthers Offense.

Doch nicht nur Ted Ginn Jr. zeigte bereits in Woche 2, was von ihm in der Saison zu erwarten war. Kurz vor Ende des dritten Quarters, der Spielstand lag bei 10:10, standen die Panthers an der Zwei-Yard-Linie der Texans. Es folgte ein eindrucksvoller Quarterback-Draw von Cam Newton.

Der 1,96 Meter große Quarterback sprang an der Goalline über den Safety Rahim Moore und landete in der Endzone beinahe wieder auf den Füßen. Dieses Play war nur ein Vorgeschmack darauf, was Cam Newton in dieser Saison alles auf dem Platz zeigen würde. Es folgte noch ein weiterer Touchdown von Newton auf Corey Brown und die Panthers gewannen das Spiel mit 24:17.

## Woche 3: Carolina Panthers vs. New Orleans Saints

Obwohl der Saints Quarterback Drew Brees bei diesem Spiel aufgrund einer Verletzung nicht spielen konnte und New Orleans auf seinen Backup Luke McCown zurückgreifen musste, sah es zunächst nach einem schlechten Tag für Carolina aus. Die Saints gingen mit 10 Punkten in Führung, bevor ein Touchdown von Newton auf Olsen die Panthers das erste Mal auf die Anzeigetafel brachte. Nach einem Field Goal von Graham Gano stand es zur Halbzeit 10:10.

Punt Returner der Saints, Marcus Murphy, erzielte kurz nach Beginn der zweiten Halbzeit einen Return Touchdown und die Divisionsrivalen lagen wieder vorne. Greg Olsen gelang ein zweiter Touchdown und nach einem weiteren Field Goal hatten die Panthers einen knappen Vorsprung von 20:16.

Cam Newton erlief im letzten Viertel noch einen weiteren Touchdown – allerdings konnten die Saints ebenfalls noch einmal punkten und hielten das Spiel eng. Cornerback Josh Norman verhinderte mit seiner zweiten Interception der Saison einen Game Winning Drive der Saints und die Panthers fuhren mit 27:22 ihren dritten Sieg in Folge ein.

### Woche 4: Carolina Panthers at Tampa Bay Buccaneers

Obwohl die Panthers Defense immer noch auf Luke Kuechly verzichten musste, konnte Carolina trotzdem aufgrund einer starken defensiven Leistung auch das vierte Spiel in Folge gewinnen. Zwar erreichten die Buccaneers insgesamt mehr First Downs und verzeichneten sowohl durch die Luft als auch auf dem Boden mehr Raumgewinn als die Panthers, aber vier geworfene Interceptions von Quarterback Jameis Winston trugen einen großen Anteil zur Niederlage der Buccaneers bei.

Josh Norman gelang der zweite Pick Six der Saison und er fing noch ein weiteres Mal den Ball ab. Thomas Davis und Safety Kurt Coleman waren bei den anderen beiden Pässen von Winston zur Stelle. Graham Gano traf drei Field Goals sowie vier Extrapunkte nach zwei Touchdowns von Ted Ginn Jr., der Interception von Norman und einem Touchdown von Tight End Ed Dickson. Dem Touchdown von Dickson ging noch eine interessante Szene voraus.

Im dritten Quarter standen die Panthers an der eigenen 30-Yard-Linie und Cam Newton übergab den Ball nach dem Snap an Jonathan Stewart. Stewart lief mit dem Ball nach vorn, wobei mehrere Verteidiger versuchten, ihn an der Mittellinie zu stoppen. Nach einem Tackle von Buccaneers Safety Chris Conte verlor Stewart die Kontrolle über den Ball.

Glücklicherweise lief Ed Dickson direkt hinter Stewart her und konnte den durch die Luft fliegenden Ball direkt aufnehmen und ihn die verbleibenden 45 Yards unberührt weiter bis in die Endzone bringen. Die Panthers gewannen am Ende mit 37:23 und verabschiedeten sich in eine frühe Bye Week.

## Woche 5: Bye Week

## Woche 6: Carolina Panthers at Seattle Seahawks

Nach ihrer freien Woche reisten die Carolina Panthers nach Seattle zum NFC Champion der vergangenen beiden Jahre. Die Seahawks galten ohnehin als Favorit, zumal die letzten drei Begegnungen zwischen Russell Wilson und Cam Newton alle zugunsten der Seahawks ausgingen. Die Panthers hatten außerdem einen etwas unangenehmen Start in diesen sechsten Spieltag.

Um 5:40 Uhr morgens wurde im Hotel des Teams der Feueralarm ausgelöst. Alle Spieler, Trainer und Betreuer wurden aus den Betten geholt und mussten ihre Räume verlassen. Allerdings handelte es sich hier um einen Fehlalarm, der seltsamerweise nur auf den Etagen ausgelöst wurde, welche von den Panthers bewohnt waren. Josh Norman sagte hierzu:

*„Wenn die Etagen 15, 16 und 17 die Einzigen sind, auf denen der Alarm angeht … komm schon. Wir waren die Einzigen, die nach draußen mussten. Ich glaube, dass es nicht so schwer ist, hier eins und eins zusammenzuzählen."*

Vielleicht lag es an der gestörten Nachtruhe, aber die Panthers kamen relativ schlecht in das Spiel. Im ersten Viertel konnte lediglich Seattle mit einem Field Goal punkten und im zweiten Viertel erzielten beide Teams einen Touchdown. So stand es zur Halbzeit 10:7 für Seattle. Auch im dritten Quarter hatte Carolina den Seahawks wenig entgegenzusetzen.

Zwar konnte Jonathan Stewart den Ball in die gegnerische Endzone laufen, jedoch warf Wilson zuvor einen 40-Yards-Touchdown auf Ricardo Lockette und Kicker Steven Hauschka traf noch ein weiteres Field Goal. Mit noch etwa elf verbleibenden Minuten bis zum Spielende lagen die Panthers bei einem Stand von 14:23 neun Punkte zurück.

Was dann folgte, war ein großartiges Comeback, das der Liga und allen Beobachtern zeigte, dass mit den Carolina Panthers in dieser Saison zu rechnen war.

Cam Newton orchestrierte einen 80-Yards-Drive, an dessen Ende Jonathan Stewart einen Sprung in die Endzone machte und nach einem vergebenen Extrapunkt die Panthers auf 20:23 heranbrachte. Mit noch zwei Minuten und 20 Sekunden auf der Uhr bekamen die Panthers den Ball nach einem Touchback an der eigenen 20-Yard-Linie zurück. Die Offense kam voran und stand mit 37 Sekunden Restspielzeit an der 26-Yard-Linie der Seahawks. Cam Newton warf einen tiefen Pass auf Greg Olsen, der völlig frei in die Endzone lief und den Ball zuverlässig fing.

Dieser Comebacksieg verhalf den Panthers zum ersten 5-0-Start seit der Saison 2003. Ron Rivera, der während des Spiels an der Seitenlinie stand und sein Team mit „Keep pounding, keep pounding" anfeuerte, sagte nach dem Spiel in der Umkleide:

*„In this League you have to be resilient. And you do have to keep pounding. I do want to make sure we understand one thing. It is about keep pounding."*

*„In dieser Liga muss man belastbar sein. Und man muss immer weiterkämpfen. Ich möchte, dass wir eine Sache verstehen. Man muss weiterkämpfen."*

In Andenken an Sam Mills, der das Mantra „Keep Pounding" ins Leben holte, bekam sein Sohn Sam Mills III., der zu dieser Zeit als Assistent Defensive Line Coach bei den Panthers arbeitete, von Ron Rivera einen Gameball überreicht.

## Woche 7: Carolina Panthers vs. Philadelphia Eagles

Mit dem Spiel gegen die Philadelphia Eagles gewannen die Panthers das erste Mal seit 2009 wieder ein Sunday Night Game im eigenen Stadion. Der Endstand von 27:16 war unter anderem Fullback Mike Tolbert zu verdanken, der gleich zwei Touchdowns erzielen konnte. Die starke Defense der Eagles fing drei Pässe von Cam Newton ab, dem trotzdem sein vierter Rushing Touchdown der Saison gelang.

Nach dieser siebten Spielwoche hatten die Panthers zum ersten Mal eine Bilanz von sechs Siegen und keiner Niederlage in ihrer Geschichte.

## Woche 8: Carolina Panthers vs. Indianapolis Colts

Eine Woche nach dem Sieg gegen Philadelphia spielten die Panthers erneut zur besten Sendezeit. Dieses Mal allerdings an einem Montagabend und bei starkem Regen. Zunächst sah es so aus, als ob die Panthers ihre Siegesserie ohne große Mühen fortsetzen könnten. Indianapolis konnte vor der Halbzeit nur zwei Field Goals verwandeln. Carolina hingegen lag nach einem Field Goal von Graham Gano und einem Power Run Touchdown von Jonathan Stewart sowie einem Pass von Cam Newton auf Greg Olsen mit 17:6 in Führung.

Im letzten Quarter konnten die Panthers dank eines Passes von Newton auf Corey Brown nochmals punkten und der Vorsprung wuchs auf 23:6. Doch die Colts mit Quarterback Andrew Luck wollten sich nicht so leicht geschlagen geben. Indianapolis punktete jeweils in den nächsten beiden Drives und der solide Vorsprung der Panthers war bei einem Punktestand von 23:20 auf nur drei Punkte geschrumpft. Der folgende Drive der Panthers endete mit einem Punt und Andrew Luck bekam mit 1:43 Minuten Restspielzeit auf der Uhr nochmals den Ball zurück.

Mit nur noch neun Sekunden Zeit standen die Colts direkt vor der Endzone der Panthers und Andrew Luck wollte das Spiel mit einem Touchdown Pass beenden. Eine starke Aktion von Luke Kuechly zwang die Colts zu einem Field-Goal-Versuch und Adam Vinatieri schaffte mit seinem Kick den Ausgleich. Nachdem Carolina eine 17-Punkte-Führung verschenkte, konnten sie sich also gerade noch in die Verlängerung retten.

Die Colts gingen mit einem Field Goal in Führung und die Panthers antworteten ebenfalls mit einem Field Goal. Zwischenstand 26:26. Im nächsten Drive der Colts warf Andrew Luck einen Pass zu Coby Fleener, doch der Ball prallte an dem Tight End ab und fiel in die Arme von Luke Kuechly. Die Panthers bekamen den Ball zurück und gewannen nach einem Field Goal durch Gano ihr achtes Spiel in Folge.

### Woche 9: Carolina Panthers vs. Green Bay Packers

In der ersten Halbzeit gegen Aaron Rodgers und seine Green Bay Packers lief es außerordentlich gut für die Panthers, die zum dritten Mal in Folge ein Heimspiel bestritten. Zwar wurde ein Field Goal nach dem ersten Drive der Panthers mit einem Touchdown der Packers beantwortet, aber Cam Newton brachte nach einem Sprung über die Goalline der Packers die Gastgeber wieder in Führung.

Direkt nach diesem Touchdown spielte sich für Beobachter eine interessante Szene ab. Ex-Panther Julius Peppers gefiel Newtons Touchdown wohl gar nicht. Er nahm den Ball an sich und pfefferte ihn in Richtung Seitenlinie. Cam musste daraufhin den Ball erst wieder einfangen, bevor er ihn an einen kleinen Jungen auf der Tribüne verschenken konnte.

Nach einem Field Goal folgten zwei weitere Touchdown-Pässe von Newton – einer auf Greg Olsen und kurz vor Ende der Halbzeit ein tiefer Pass über 39 Yards auf Corey Brown. Zur Pause stand es 27:7 für Carolina.

Direkt zu Beginn der zweiten Hälfte gelang Aaron Rodgers ein tiefer Pass auf Randall Cobb, der nach dem Catch 35 Yards in die Endzone lief. Für die Panthers reichte es nur für ein Field Goal, bis sie im vierten Quarter durch einen Touchdown von Devin Funchess ihren Vorsprung auf 37:14 ausbauen konnten.

Die Packers und ihr erfahrener Quarterback wollten dies nicht auf sich sitzen lassen und starteten ein eindrucksvolles Comeback. Aaron Rodgers warf einen Pass auf James Starks zum Touchdown und Davante Adams verwandelte die nachfolgende Two-Point-Conversion.

Knappe vier Minuten vor dem Ende gelang Aaron Rodgers ein erneuter Touchdown-Pass auf seinen Namensvetter Richard Rodgers und es stand nur noch 37:29. Direkt im nächsten Drive der Panthers warf Cam Newton eine Interception an der eigenen 28-Yard-Linie und die Packers bekamen erneut den Ball.

Die Packers standen schließlich bei 4th & Goal, aber die Panthers Defense übte starken Druck auf Rodgers aus und dieser warf den Ball in Richtung Thomas Davis, dessen Aufmerksamkeit das Comeback der Packers beendete.

## Woche 10: Carolina Panthers at Tennessee Titans

Das neunte Spiel der Saison gegen die Tennessee Titans gewannen die Panthers sehr souverän mit einem Endergebnis von 27:10. Dass die Panthers nun neben den New England Patriots das einzige ungeschlagene Team der NFL war oder das Cam Newton zum ersten Mal in seiner Karriere die ersten elf Pässe am Stück anbrachte, wurde jedoch nach dem Spiel nicht so ausführlich kommentiert wie sein Touchdown-Jubel am Ende des vierten Viertels.

Nach seinem sechsten Rushing Touchdown feierte Newton in seiner typischen Art und präsentierte seinen „Dab" in der Endzone der Titans. Einigen Titans-Spielern stieß das ziemlich sauer auf und Cam provozierte hier, indem er seinen Freudentanz etwas verlängerte. Nicht nur die Spieler der Titans fühlten sich davon auf den Schlips getreten.

Eine weibliche Zuschauerin namens Rosemary Plorin schrieb nach dem Spiel einen offenen Brief an Cam Newton und schickte diesen an den *Charlotte Observer*, die hiesige Tageszeitung in Charlotte. In dem Brief hieß es unter anderem, sie sei geschockt von den „arroganten Gesten" und dem „Verspotten der gegnerischen Spieler" und dass Cams Verhalten ihre neunjährige Tochter verstört habe.

Der *Observer* druckte den Brief ab, woraufhin viele Medien über die „Tennessee Mom" berichteten. Dies löste mal wieder eine kleine Kontroverse über Cam Newton aus und einige Journalisten schrieben eine öffentliche Replik auf den Brief, in der sie Cam Newton und seine Wohltätigkeitsarbeit insbesondere für Kinder hervorhoben und ihn verteidigten.

Auch in der Pressekonferenz nach dem Spiel gegen die Titans wurde der Touchdown-Jubel in der Endzone von Newton thematisiert, worauf dieser sagte:

*„If you don't like me to do it, then don't let me in."*

*„Wenn ihr nicht wollt, dass ich es mache, dann lasst mich nicht rein."*

### Woche 11: Carolina Panthers vs. Washington Redskins

Das zehnte Saisonspiel der Panthers gegen die damaligen Washington Redskins und heutigen Washington Commanders lässt sich in einem Wort beschreiben: Dominanz.

Carolina überrollte Washington und dominierte das Spiel über die komplette Zeit auf beiden Seiten des Balls. Gleich im ersten Drive der Redskins fing Safety Kurt Coleman einen Pass von Quarterback Kirk Cousins ab. Dies war Colemans dritte Interception der Saison und die Panthers verwandelten den Ballbesitz in einen Touchdown.

Cousins gelang im ersten Viertel noch ein tiefer Pass auf DeSean Jackson zum Touchdown, aber ein 99 Yard Punt Return von Washington durch Andre Roberts blieben die letzten offensive Punkte der Redskins. Die Vorstellung der Panthers Defense war historisch.

Washington konnte bei 12 Versuchen den Ball nur 14 Yards weit laufen. Das gab es in der Geschichte der Panthers noch nie und bis heute ist der Rekord ungebrochen. Cam Newton warf zum ersten Mal in seiner Karriere fünf Touchdown-Pässe und die Panthers gewannen das zehnte Spiel in Folge mit 44:16.

## Woche 12: Carolina Panthers at Dallas Cowboys

Nach der beeindruckenden Vorstellung gegen Washington setzten die Panthers in der darauf folgenden Woche weitere bedeutende Maßstäbe. Gegen die Dallas Cowboys, die traditionell immer an Thanksgiving ein Heimspiel bestreiten (mit Ausnahme der Jahre 1975 und 1977), spielte Carolina am 26. November 2015 zum ersten Mal an diesem traditionellen Tag der USA.

Eine weitere Premiere waren damals die komplett in Blau gehaltenen Color-Rush-Trikots der Panthers, mit denen sie zum ersten Mal das Feld betraten. Und die Überlegenheit der Panthers ging auch gegen Americas Team weiter.

Direkt im ersten Play des Spiels wurde der Pass von Dallas Quarterback Tony Romo durch Kurt Coleman abgefangen. Es war die dritte Interception von Coleman in drei aufeinanderfolgenden Spielen. Der Safety trug Romos Fehlpass zurück in die Endzone und erzielte den ersten Pick Six seiner Karriere. Nach zwei Field Goals durch Graham Gano machte Luke Kuechly es seinem Teamkameraden Coleman nach, fing einen weiteren Pass von Romo ab und erzielte ebenfalls den ersten Pick Six seiner Karriere.

Kuechly hatte vermutlich so viel Spaß nach der Aktion, dass er im nächsten Play direkt noch einmal eine Interception fing und die Panthers gingen nach einem Field Goal mit einer 23:3-Führung in die Pause.

Zum ersten offensiven Touchdown von Carolina kam es erst gegen Ende des dritten Quarters. Der sieben Minuten andauernde Drive endete mit einem Pass von Cam Newton auf Jericho Cotchery.

Gegen Ende des dritten Viertels wurde Tony Romo durch einen Sack von Thomas Davis verletzt und musste das Spiel abbrechen. Backup Quarterback Matt Cassel übernahm für ihn und konnte im vierten Quarter noch einen Touchdown mit anschließender Two-Point-Conversion erzielen. Die Panthers flogen mit einem Endergebnis von 33:14 zurück nach Hause und waren nach diesem Spieltag das letzte ungeschlagene Team der NFL.

### Woche 13 - Carolina Panthers at New Orleans Saints

In Woche 13 war bereits klar, dass die Panthers zum dritten Mal in Folge die NFC South gewinnen würden und damit einen Platz in den Play-offs sicher haben würde. Nachdem das Team in den letzten Wochen wenig Mühe hatte, als Sieger vom Platz zu gehen, war dieses Match beim Divisionsrivalen New Orleans ein schwieriger Kampf.

Nach einem Touchdown-Pass von Drew Brees auf Tight End Benjamin Watson gingen die Saints in Führung. Kurz vor Ende des ersten Viertels verlor Jonathan Stewart den Ball und dem Saints Linebacker Stephone Anthony gelang es, das Spielgerät aufzunehmen und Stewarts Fumble zu einem Touchdown zu verwandeln. Damit stand es schon 14:0 für New Orleans.

Gegen Ende des zweiten Viertels hatten die Panthers nach zwei Touchdowns die Möglichkeit zum Ausgleich. Allerdings wurde der Versuch des Extrapunkts durch Graham Gano von New Orleans geblockt und zum zweiten Mal in diesem Spiel nahm Stephone Anthony den Ball auf und rannte in die Endzone der Panthers.

Da es die Regelung, nach geblocktem Field Goal einen Punkt erzielen zu können, zuvor noch nicht gab, war dies der erste zurückgetragene Extrapunkt in der NFL-Geschichte und New Orleans lag mit 16:13 weiter vorne.

Nach jeweils einem Touchdown von Devin Funchess und Ted Ginn lagen die Panthers zum ersten Mal mit 16:27 in Führung, aber ein tiefer Pass von Drew Brees auf den komplett freistehenden Receiver Brandin Cooks und eine folgende Two-Point-Conversion verkürzte den Rückstand von New Orleans auf 24:27.

Beide Teams punkteten jeweils noch einmal und Kurt Coleman setzte seine Serie von Interceptions weiter fort. Die offensive Schlacht setzte sich mit einem Touchdown von Mark Ingram fort und die Panthers mussten im letzten Drive unbedingt punkten, um das Spiel noch gewinnen zu können.

In der letzten Spielminute warf Newton einen Pass auf Cotchery zum Touchdown und die Panthers wurden zum neunten Team in der NFL-Geschichte, das die Saison mit 12 Siegen und keiner Niederlage begann.

## Woche 14: Carolina Panthers vs. Atlanta Falcons

Die erste Begegnung der Panthers und den Atlanta Falcons ist im Vergleich zum Spiel gegen New Orleans schnell erzählt. Das Ergebnis von 38:0 für Carolina markierte den siebten Shut-out in der damals 21-jährigen Geschichte des Franchise. Die Panthers Defense erzielte fünf Sacks gegen Quarterback Matt Ryan und sorgte für vier Turnover.

Mit 13 Siegen in der Saison hatten die Panthers auch nach den erfolgreichen Spielzeiten 1996, 2008 und 2013 die meisten Siege ihrer Geschichte innerhalb einer regulären Saison erzielt.

## Woche 15: Carolina Panthers at New York Giants

Die Panthers reisten kurz vor Weihnachten nach New Jersey, um im MetLife Stadium gegen die New York Giants anzutreten. Von diesem Spiel sollten einige unschöne und unsportliche Bilder in Erinnerung bleiben.

Das Duell zwischen dem Giants Wide Receivers Odell Beckham Junior und Josh Norman war leider kein schön anzusehender Wettkampf. Beide provozierten sich gegenseitig immer wieder aufs Neue und viele Aktionen endeten mit gelben Flaggen auf dem Spielfeld. Norman bekam zwei Strafen wegen unnötiger Härte und Beckham kassierte drei Flaggen aus demselben Grund.

Genau genommen hätte Beckham vom Spiel disqualifiziert werden müssen, nachdem er mit gesenktem Kopf auf Norman losstürmte, obwohl der

Spielzug längst beendet und abgepfiffen war. In der Woche nach dem Spiel wurde Beckham für ein Spiel von der Liga gesperrt.

Bis zum Ende des dritten Viertels lief es trotz allem ganz gut für die Gäste aus Carolina. Die Panthers hatten bereits fünf Touchdowns erzielt und führten mehr als solide bei einem Spielstand von 35:7.

Im vierten Viertel brachen die Panther stark ein und ließen Eli Manning mit seiner Offense zurück ins Spiel kommen. Den Giants gelangen vier Touchdowns in vier aufeinanderfolgenden Drives und so stand es zwei Minuten vor Schluss 35:35 unentschieden.

Die Panthers hatten erneut einen großen Vorsprung eingebüßt und mussten im letzten Drive punkten, um einer Verlängerung zu entgehen. Cam Newton nahm die Offense auf seine Schultern und sorgte dafür, dass Graham Gano das Spiel mit einem 43 Yard Field Goal bei auslaufender Uhr zu Ende bringen konnte.

Nach diesem Sieg waren die Panthers nun neben den 1972er Miami Dolphins, den 2007er New England Patriots und den 2009er Indianapolis Colts eines der vier Teams der NFL-Geschichte, das nach 14 Wochen einer Saison noch ungeschlagen war.

### Woche 16: Carolina Panthers at Atlanta Falcons

Der Traum von der perfekten Saison fand leider in der letzten Woche des Jahres 2015 ein jähes Ende. Die Atlanta Falcons rächten sich für die 0:38-Niederlage zwei Wochen zuvor. Cam Newton brachte seine Panthers mit einem Rushing Touchdown zwar in Führung, doch die Falcons fanden immer eine Antwort und gewannen schließlich mit 20:13.

Nach 392 Tagen verloren die Panthers zum ersten Mal wieder ein Spiel innerhalb der regulären Season. Sie schafften es außerdem zum ersten Mal in dieser Spielzeit nicht, mindestens 20 Punkte zu erzielen. Insgesamt lief die Offense um Cam Newton weniger rund als sonst. Vielleicht war der Quarterback auch einfach in Gedanken bei seinem ersten Sohn

Chosen Sebastian Newton, der drei Tage vorher am Heiligen Abend auf die Welt gekommen war.

## Woche 17: Carolina Panthers vs. Tampa Bay Buccaneers

Um sicherzugehen, dass Carolina den ersten Platz der NFC belegen würden, um während den NFC-Play-offs den Heimvorteil zu haben, benötigten die Panthers in ihrem letzten Spiel entweder einen Sieg gegen die Tampa Bay Buccaneers oder mussten darauf hoffen, dass die Arizona Cardinals gegen die Seattle Seahawks verlieren würden.

Letztlich trafen beide Szenarien ein. Die Panthers gewannen das letzte Spiel der Saison gegen die hoffnungslos unterlegenen Buccaneers mit 38:10 und hatten mit einer Niederlage und 15 Siegen die beste Bilanz aller Teams der NFL am Ende der regulären Saison.

## Divisional Round: Carolina Panthers vs. Seattle Seahawks

Nach einer Bye Week trafen die Panthers - mal wieder - auf die Seattle Seahawks. Zum zweiten Mal in dieser Saison und zum zweiten Mal in Folge in der zweiten Play-off-Runde musste Carolina gegen Head Coach Pete Caroll und sein Team antreten.

Doch dieses Mal hatten die Panthers den Heimvorteil auf ihrer Seite und waren fest entschlossen, die Seahawks in diesem Play-off-Match zu schlagen. Die Eintrittskarten für die Partie im Bank of America Stadion waren innerhalb von fünf Minuten ausverkauft.

Im Gegensatz zur ersten Begegnung der Saison sollte in diesem Spiel einiges anders laufen. Das erste Play des Spiels sorgte gleich für lauten Jubel im Stadion. Die Panthers begannen das Spiel an der eigenen 25-Yard-Linie und Jonathan Stewart fand nach der Ballübergabe von Newton genug Platz für einen Lauf über 59 Yards. Der Drive endete mit einem Touchdown - ebenfalls durch Stewart, den Rushing Leader der Saison.

Auch die Panthers Defense gab von Anfang an den Ton an. Die Seahawks begannen ihren ersten Drive an der eigenen 14-Yard-Linie, nachdem Panthers Safety Tre Boston den Kick Return von Tyler Lockett aus der Endzone heraus unmittelbar stoppen konnte.

Nach einem harten Stopp von Marshawn „Beast Mode" Lynch durch Star Lotulelei stand Russell Wilson für seinen zweiten Versuch an der Elf-Yard-Linie der Seahawks und warf seinen Pass in Richtung Lynch. Aber Luke Kuechly hatte aufgepasst und fing den Pass ab. Er lief den kurzen Weg in die Endzone zu seinem zweiten Pick Six des Jahres.

Die Panthers nutzten ihren perfekten Start und spielten die erste Hälfte des Spiels genauso weiter. Zu Beginn des zweiten Viertels punktete Jonathan Stewart erneut und nach einer Interception von Russell Wilson, die in einem Field Goal für die Panthers endete, sowie einem weiteren Touchdown von Greg Olsen führten die Panthers zur Pause 24:0.

Dieses Mal lag es also an den Seahawks, einen deutlichen Rückstand aufzuholen und Pete Carroll hatte wohl den richtigen Plan dafür. Wide Receiver Tyler Lockett gelang ein 50-Yard-Kick-off-Return und einige Plays später traf Russell Wilson den Wide Receiver Jermaine Kearse für den ersten Touchdown der Seahawks. In einem weiteren Drive konnte Tyler Lockett einen weiteren tiefen Pass von Wilson in der Endzone der Panthers fangen. Und die Aufholjagd ging weiter.

Und die Panthers schafften es in der zweiten Halbzeit nicht mehr, zu punkten. Nach einem weiteren Touchdown von Kearse und einem Field Goal durch Seattles Kicker Steven Hauschka stand es 31:24 für die Panthers und die Seahawks versuchten, mit einem Onside Kick noch einmal in Ballbesitz zu kommen. Thomas Davis konnte den Ball glücklicherweise sichern und sich mit seinem Team über den Einzug in das NFC Championship Game freuen.

## NFC Championship Game: Carolina Panthers vs. Arizona Cardinals

Nach einem spannenden und für Panthers-Fans sicherlich nervenaufreibenden Spiel zeigten die Panthers im Finale der NFC, welches zum ersten Mal in der Panthers-Geschichte im Bank of America Stadium stattfand, was dieses Team den Großteil der Saison gezeigt hatte: Dominanz. Vor allem Tedd Ginn Jr. unterstrich seine Qualität durch mehrere starke Plays im ersten Viertel. Nach einem Big Play von Cam Newton auf Corey Brown stand es bereits nach den ersten 15 Minuten 17:0 für Carolina.

Neben der Offense um Cam Newton, der selbst für zwei Rushing Touchdowns verantwortlich war und im Spiel zwei Touchdown-Pässe warf, zeigte auch die Carolina Defense, zu was sie in der Lage war. Insgesamt siebenmal eroberten sie den Ball zurück, trotz des Verlustes von Thomas Davis, der sich in der Hälfte des zweiten Viertels bei einem Tackle den Arm gebrochen hatte.

Kurt Coleman krönte seine starke Saison mit zwei weiteren Interceptions und Luke Kuechly besiegelte kurz vor Schluss mit seinem dritten Pick Six der Saison den deutlichen 49:15-Sieg der Panthers. Das Stadion tobte regelrecht.

Nachdem Kuechly den Ball in die Endzone lief und an der Tribüne entlanglief, um mit einigen Fans abzuklatschen, fiel vor lauter Freude ein Zuschauer von der Tribüne auf das Spielfeld - direkt vor Kuechlys Füße. Er half dem jungen Mann wieder auf und schenkte diesem so vermutlich eine ganz besondere Erinnerung an dieses Spiel.

Die Panthers gewannen zum zweiten Mal in ihrer Geschichte die *Halas-Trophäe* der NFC und wurden nach den 1985er-Bears, mit denen ihr Ron Rivera den Super Bowl gewonnen hatte, das zweite Team, das mit Bilanz von 17-1 in das NFL-Finale einzog. Nur die New England Patriots, die 2007 eine perfekte Saison spielten, stehen mit einer 18–0-Bilanz über diesen Teams.

## Super Bowl 50: Carolina Panthers vs. Denver Broncos

Am Abend vor dem Super Bowl werden traditionellerweise die NFL Honours, die Awards der Liga, vergeben. Als wertvollster Spieler, als *MVP* (Most Valuable Player) wurde Cam Newton ausgezeichnet. Es war das erste Mal, dass ein Spieler der Carolina Panthers diese Auszeichnung erhielt. Vor Patrick Mahomes (2018) und Lamar Jackson (2019) war Cam Newton nach Steve McNair (2003) erst der zweite afroamerikanische Quarterback, der diese Trophäe überreicht bekam.

Die Panthers Defense spielte 2015 zwar auf Eliteniveau, aber ohne Cam Newton als Quarterback hätten die Panthers sicherlich nicht das Finale der NFL erreicht. Mit 3.837 Passing Yards, 35 Touchdowns zu 10 Interceptions und weiteren 636 Rushing Yards und 10 Rushing Touchdowns wurde er außerdem zum *Offensive Player of the Year* geehrt. Ron Rivera wurde zum zweiten Mal als *Coach of the Year* ausgezeichnet.

Der Super Bowl 50, im Übrigen der Einzige, der nicht in römischen Buchstaben geschrieben wurde, fand am 7. Februar 2016 im Levis Stadium in Santa Clara, Kalifornien, statt. Als Gegner der Panthers setzten sich die Denver Broncos in den Play-offs der AFC durch. Zwar hatten die Broncos mit ihrem bereits 39 Jahre alten Quarterback Peyton Manning keine vergleichbare Offense wie die Panthers, jedoch wurde das Team von einer exzellenten Defense mit einem gefährlichen Pass Rush getragen.

Die Broncos gingen als Erstes mit einem Field Goal in Führung und zum ersten Mal in den Play-offs lagen die Panthers zurück. Dass Denver hier nur mit drei Punkten in Führung ging, war Thomas Davis zu verdanken. Trotz seines gebrochenen Unterarms, für den er extra eine angefertigte Spezialmanschette erhalten hatte, spielte er eine gute Partie und machte in diesem dritten Versuch der Broncos ein wichtiges Tackle gegen Runningback C. J. Anderson.

In einem offensiven Drive der Panthers warf Newton einen 30-Yard-Pass auf Jericho Cotchery, der von den Schiedsrichtern aber als unvollständiger Pass gewertet wurde. Auch die Challenge von Ron Rivera blieb erfolglos. Im Nachhinein hielten viele Experten und Journalisten dies für eine klare Fehlentscheidung. Innerhalb der Panthers Community entwickelte sich hieraus sogar eine Art Internetmeme. „Cotchery caught it", war auch Jahre später unter anderem auf T-Shirts und Pullovern von Panthers-Fans zu lesen.

In diesem Drive gelang dem Broncos Outside Linebacker Von Miller ein Strip Sack gegen Cam Newton. Defensive Tackle Malik Jackson warf sich in der Endzone auf den rollenden Ball und Denver führte schließlich mit 10:0 nach den ersten 15 Minuten.

Die Panthers legten im zweiten Viertel einen guten offensiven Drive hin. Jonathan Stewart schafft einen Touchdown und so betrug der Rückstand nur noch drei Punkte. Denver gelang noch ein weiteres Field Goal vor der Halbzeit, in der die Zuschauer die Musik von Coldplay, Beyoncé und Bruno Mars genießen konnten.

Die zweite Hälfte des Spiels war eine defensive Schlacht. Beide Teams konnten nur noch jeweils durch ein Field Goal punkten und bei einem Stand von 16:10 kam es zu einer Szene des Spiels, die tatsächlich das Bild des zweiten Super Bowls der Panthers-Geschichte prägte.

Mit knapp fünf Minuten Restspielzeit hätte es für die Panthers einen Game Winning Drive geben können. Wieder gelang Von Miller ein Strip Sack gegen Cam Newton und der Ball landete auf dem Boden des Felds. Aus irgendeinem Grund zögerte Cam Newton zu lange und ging nicht direkt dem Ball hinterher, sodass T.J. Ward den Ball kurz vor der Endzone der Panthers aufnehmen konnte. Es folgte ein weiterer Touchdown von Anderson und nach erfolgreicher Two-Point-Conversion konnte Denver das Spiel mit 24:10 für sich entscheiden.

Die Carolina Panthers verloren den zweiten Super Bowl ihrer Geschichte und Peyton Manning wurde vor Tom Brady der älteste Quarterback, der einen Super Bowl für zwei Teams gewann.

Für den verlorenen Ball und sein Zögern gab es nach dem Spiel starke Kritik an Cam Newton. Newton erklärte nach dem Spiel, dass er eine

„Business Decision" getroffen habe, als er entschied, sich aus Angst vor einer Verletzung nicht auf den Ball zu werfen.

*„Ich habe mich nicht auf den Ball geworfen, denn so, wie mein Bein stand, hätte es verletzt werden können. Okay, Sie sagen, es war meine Schuld? Ich habe mich nicht auf den Ball geworfen. Ich habe ihn fallen gelassen, das stimmt. Aber ich sage ihnen, wir haben das Spiel nicht wegen dieses Fumbles verloren."*

Bei regulären Spielen in der Footballsaison obliegt es den Spielern, zu entscheiden, ob sie sich den Fragen der Presse stellen wollen. Beim Super Bowl müssen die Spieler vor die Kamera treten. Cam Newton beschrieb sich schon immer als kein guter Verlierer. Reporter, die nach einer Panthers-Niederlage in den Umkleideraum kamen, wussten, dass der Quarterback der Panthers zunächst eine lange Zeit alleine und abgewandt von allen vor seinem Spind saß.

Nach dem Super Bowl hatte er nicht die Möglichkeit, sich zurückzuziehen. Er beantwortete die Fragen der Journalisten sehr einsilbig und verließ die Pressekonferenz nach ein paar Minuten. Hier wurden die Kritiker Newtons wieder laut. Ein NFL-Spieler müsse doch in der Lage sein, auf einer Pressekonferenz Fragen zu beantworten. Dass Cam Newton gerade das größte Spiel seiner Karriere verloren hatte, spielte keine Rolle.

Diese Pressekonferenz und der Fumble im Super Bowl begleitete Newton noch einige Jahre. Stimmen, die seinen Charakter kritisierten, wurden wieder laut, obgleich es der Leistung des MVP von 2015 und dem Team in keiner Weise gerecht wird.

Die Niederlage im Super Bowl 50 ist sicher ein dunkler Fleck im Herzen aller Panthers-Fans, die damals im Stadion oder vor dem Bildschirm saßen.

Trotzdem bleibt die magische Saison der 2015er-Panthers, einem vermeintlichen Underdog ohne große Qualitäten auf Schlüsselpositionen, wie von den Medien vor der Saison oft geschrieben wurde, eine unvergessliche Zeit.

# 8 HANGOVER PT. II (2016)

In jeder neuen Saison sieht ein NFL-Team anders aus als im Jahr zuvor. An diesem Fakt ändert auch eine Saison, wie die Panthers sie im Jahr 2015 erlebt hatten, nichts. Auch eine Super-Bowl-Teilnahme oder gar ein Sieg im NFL-Finale kann die Veränderungen eines Kaders nicht aufhalten. Verträge laufen aus, Spieler verletzen sich oder beenden ihre Karriere. Besonders Spieler, die sich in ihrem letzten Vertragsjahr befinden und dann auch noch eine sehr gute Saison spielen, haben im Anschluss in der Regel einen hohen Marktwert.

Bei Josh Norman trat in der Off-Season 2016 genau dieser Fall ein. Der 2012 gedraftete Cornerback, der am Super Bowl Run der Panthers einen großen Anteil hatte (vier Interceptions, drei Forced Fumbles, zwei Fumble Recoveries), konnte nach seiner Pro-Bowl-Saison nicht in Carolina gehalten werden.

Das Front Office um Dave Gettleman belegte ihn zwar zunächst mit dem Franchise Tag, nahm diesen jedoch fristgerecht wieder zurück. Es war absehbar, dass man sich mit Norman auf keinen langfristigen Vertrag einigen können würde. Den bekam er dann schließlich bei den Washington Redskins. Mit einem Fünf-Jahres-Vertrag bei garantierten 35 Millionen US-Dollar wurde er zum bestbezahlten Cornerback der NFL.

Im NFL-Draft 2016 wählten die Panthers fast nur defensive Spieler aus. Darunter waren auch drei Cornerbacks (unter anderem James Bradberry von der Samford University), um den Abgang von Josh Norman zu kompensieren. Mit Vernon Butler kam ein weiterer „Hog Mollie", also ein Defensive Tackle, in das Team.

Im ersten Spiel der Saison kam es direkt zu einem Re-Match des Super Bowls und die Panthers starteten ihre Saison in Denver bei den Broncos.

Bis zum vierten Quarter sah es auch so aus, als ob den Panthers hier eine Revanche gelingen würde – es stand 17:7 für Carolina. Doch Denver, mittlerweile ohne Peyton Manning als Quarterback und mit Trevor Siemian als Spielmacher, schaffte es, 14 Punkte aufzuholen, während den Panthers nur ein Field Goal gelang.

Graham Gano hatte mit einem 50-Yard-Field-Goal-Versuch die Möglichkeit zum Siegtreffer – verfehlte seinen Kick jedoch und Carolina verlor 20:21.

Nach einem Sieg gegen die San Francisco 49ers in der zweiten Spielwoche (46:27) folgten vier Niederlagen in Folge. Unter anderem hatten die Panthers große Probleme mit der Offensive Line. Der linke Tackle Michael Oher, der in der Off-Season noch eine Vertragsverlängerung über drei Jahre abgeschlossen hatte, spielte nur die ersten drei Spiele der Saison und stand die restliche Zeit mit einer Gehirnerschütterung auf der Injured-Reserve-Liste.

Sowohl die Offense als auch die Defense der Panthers spielten bei Weitem nicht auf dem Niveau des Vorjahrs. Insbesondere hatte das Laufspiel der Panthers nicht mehr dieselbe Effizienz wie im Vorjahr. Cam Newton, dessen Anteil am Laufspiel bisher ein wesentlicher Faktor in der Offense war, trug 2016 mit 359 Yards bei 90 Läufen deutlich weniger zum Raumgewinn auf dem Boden bei als in seinen gesamten Spielzeiten davor. Sicherlich war dies auch eine bewusste Entscheidung des Front Office, denen klar wurde, dass Newtons Spielweise nicht sehr nachhaltig für seinen Körper sein würde.

Obwohl Newton in seiner MVP-Saison 36-mal gesacked wurde und er in der NFL bis dato die meisten Hits aller Quarterbacks (gefolgt von Russell Wilson) kassierte (laut ESPN 922 Hits, Stand: 2017), wollten die Panthers ihn sicherlich auf eine gewisse Art schonen.

Im Spiel gegen die Atlanta Falcons in Woche 4 erlitt Cam Newton nach einem Helmet-to-Helmet-Treffer eine Gehirnerschütterung und verpasste das folgende Spiel gegen die Tampa Bay Buccaneers.

Dieser Treffer gegen Newton, bei dem kein Foul gepfiffen wurde, war exemplarisch dafür, dass Schiedsrichter Cam Newton nicht wie andere Quarterbacks behandelten.

Dies lag sicherlich zum Großteil an seiner Spielweise und viele Schiedsrichter betrachteten Newton eher als Runningback. Als Folge steckte er sehr viele Treffer ein, ohne dass Flaggen auf das Feld flogen.

Im weiteren Verlauf der Saison 2016 gab es deswegen sogar ein Gespräch zwischen Newton und dem NFL-Commissioner Roger Goodell. Anlass war das Spiel gegen die Arizona Cardinals in Woche 8, in dem Cam einen unerlaubten, tiefen Hit von Calais Campbell abbekam, der für den Defensive End folgenlos blieb. Vor der Presse sagte Cam Newton später:

*„Das nimmt mir den Spaß, denn manchmal fühle ich mich in den Spielen nicht einmal von den Schiedsrichtern beschützt. Und genug ist genug."*

Leider blieb es nicht nur bei einer Gehirnerschütterung für den MVP-Quarterback. In Woche 14 verletzte sich Newton im Spiel gegen die San Diego Chargers an der Wurfschulter. Ein Passversuch auf Kelvin Benjamin wurde abgefangen und Cam lief einem Verteidiger der Chargers über das Feld hinterher und versuchte, den Gegner aus dem Spielfeld zu tackeln. Dabei stürzte er und verletzte sich an der Wurfschulter - eine Szene, die womöglich einen maßgeblichen Anteil am weiteren Verlauf seiner Karriere hatte. Trotz der Verletzung beendete er dieses und die restlichen Spiele der Saison.

Neben Michael Oher und Cam Newton verpasste Luke Kuechly die letzten sechs Spiele der Saison, ebenfalls mit einer schweren Gehirnerschütterung.

Nach ihrem Rekordjahr mit nur einer Niederlage (und dem verlorenen Super Bowl) beendeten die Panthers die Saison mit 6-10 und standen das erste Mal seit vier Jahren nicht in den Play-offs.

# 9 REPARATUREN UND ALTE BEKANNTE (2017)

In der Off-Season 2017 mussten die Panther einige Dinge anpacken, um nach der mehr als enttäuschenden Saison 2016 ein Comeback zu versuchen.

Das fing zunächst auch mit der Wurfschulter ihres Franchise-Quarterbacks an.

Die Verletzung, die sich Cam Newton in der vergangenen Saison zugezogen hatte, stellte sich als eine zum Teil gerissene Rotatorenmanschette am Schultergelenk heraus. Am 30. März 2017 wurde Cam an der Schulter operiert und begann danach mit der Rehabilitation, um zum Start des Trainingslagers im Juli wieder trainieren zu können.

Die Verletzung von Newton zeigte, dass sich die Panthers Offense zu einem gewissen Grad verändern musste, um ihren Star-Quarterback langfristig gesund halten zu können. Ron Rivera bekräftigte dies öffentlich bei einem Interview:

*„Wir müssen klug vorgehen und uns überlegen, wie wir ihn anders einsetzen können.*
*Man kann nicht erwarten, dass wir 20 Zone Reads durchführen lassen und dann von ihm erwarten, dass er den Ball in 10 von 20 Fällen läuft."*

Eine erste Maßnahme, um die Offense auf mehrere Schultern zu verteilen, ergriffen die Panthers im folgenden Draft. Mit Runningback Christian McCaffrey bekamen die Panthers einen Spieler, der sowohl als Nachwuchs für Jonathan Stewart und als Entlastung von Cam Newton dienen sollte. Auch Wide Receiver Curtis Samuel, der in der zweiten Runde ausgewählt wurde, sollte die Offense unterstützen.

Nachdem Michael Oher fast die komplette Saison 2016 verpasste und sich leider auch 2017 nicht komplett von seiner Gehirnerschütterung erholen konnte, benötigte die Offensive Line dringend Ersatz. Im Draft verpflichteten die Panthers Offensive Tackle Taylor Moton und verpflichteten den Free Agent und jüngeren Bruder Matt ihres Centers Ryan Khalil.

Außerdem kehrte in der Off-Season ein alter Bekannter nach Charlotte zurück. Der damals 37-jährige Julius Peppers wollte nach seinen Stationen in Chicago und Green Bay noch einmal zu seinem Heimteam zurück, das ihn 2002 gedraftet hatte und wo er schon 2004 im Super Bowl stand.

Im Juli 2017, kurz vor Beginn des Trainingslagers, entschloss sich Panthers Besitzer Jerry Richardson zudem zu einem überraschenden Schritt. Er feuerte seinen General Manager Dave Gettleman und überraschte damit die Spieler und auch Teile des Front Office. Vermutlich brodelte es schon eine Weile zwischen Gettleman und Richardson.

Allerdings war Gettlemans Führungsstil wohl auch nicht bei allen Mitarbeitern und Spielern sonderlich beliebt. Einen Anteil an seiner Entlassung hatten vermutlich auch seine Personalentscheidungen der letzten Jahre. Die Entlassungen von Steve Smith und DeAngelo Williams und auch der Verlust von Josh Norman waren angeblich Gründe für Missstimmungen zwischen dem Teambesitzer und seinem General Manager.

Einen Tag nach der Entlassung kehrte ein weiterer alter Bekannter zu den Panthers zurück.

Marty Hurney, der bereits von 2002 bis 2013 General Manager der Panthers war, erklärte sich bereit, dem Franchise als Interims-General-Manager auszuhelfen.

Nach seiner Entlassung bei den Panthers lebte Hurney noch weiterhin in Charlotte und pflegte außerdem einen engen Kontakt mit Jerry Richardson.

## Christian McCaffrey – Run CMC

Mit Christian Jackson McCaffrey bekamen die Panthers im Draft einen äußerst talentierten Spieler. Mit dem Wissen, dass sich Jonathan Stewarts Karriere dem Ende zuneigte und sich die Offense des Teams weiterentwickeln sollte, verwendeten die Panthers ihren achten Pick auf den Runningback der Stanford University.

Christian McCaffrey war nach Leonard Fournette, den die Jacksonville Jaguars mit dem vierten Pick auswählten, der zweite Runningback, der in den Top Ten gedraftet wurde.

Der am 07. Juni 1996 in Castle Rock, Kalifornien, geborene McCaffrey kommt aus einer sportlich überaus talentierten Familie. Sein Vater Edward Thomas, genannt Ed McCaffrey, spielte ebenfalls in Stanford und in der NFL – allerdings als Wide Receiver. Ed McCaffrey ist dreifacher Super Bowl Champion. Er gewann die *Vince Lombardy Trophy* erstmals 1994 mit den San Francisco 49ers und in den Jahren 1997 und 1998 mit den Denver Broncos.

Auch Christians Bruder Max McCaffrey spielte in der NFL Wide Receiver für mehrere Teams, unter anderem bei den Green Bay Packers. Und der Großvater mütterlicherseits, David Sime, gewann bei den Olympischen Spielen 1960 die Silbermedaille im 100-Meter-Sprint.

Christian McCaffrey setzte die sportliche Tradition seiner Familie fort.

In Stanford, wo er seit 2014 für das Stanford-Cardinal-Football-Team spielte, zeigte er bereits in seinem zweiten Jahr seine außergewöhnlichen Fähigkeiten. Mit 3.864 total Yards brach er den NCAA-Rekord des Hall of Famers Barry Sanders, der den Rekord 1988 aufstellte. Im Übrigen war Barry S. Sanders, der Sohn der NFL-Legende, in diesem Jahr ein Mitspieler von McCaffrey. Bei der Abstimmung zum besten Collegespieler des Jahres 2015 belegte Christian McCaffrey den zweiten Platz – hinter Derrick Henry.

Den Unterschied, den Christian McCaffrey auf dem Feld machen konnte, war die Tatsache, dass er sowohl im Laufspiel als auch als Passempfänger seine Qualitäten zeigte. Die NFL-Welt war vor und auch nach dem Draft etwas gespalten, was den Top-Ten-Pick anging. Manche glaubten nicht, dass er trotz seiner Schnelligkeit die Physis mitbringen würde, um sich zwischen Tackles hindurchzukämpfen und dem Workload als Starter in der NFL gerecht werden könnte.

Aber bereits in seiner ersten Saison konnte McCaffrey alle von seinen Qualitäten überzeugen. Zu Beginn seiner Karriere bei den Panthers war er mit insgesamt sieben Touchdowns und 1.086 Total Yards bereits produktiver als Jonathan Stewart. Und er sollte seine Rekorde in den nächsten beiden Jahren noch weiter ausbauen. Aus seinen Initialen CMC wurde nicht nur bei den Panthers-Fans ein „RUN CMC".

Nachdem sich die Panthers von Jonathan Stewart nach der Saison 2017 getrennt hatten, war Christian McCaffrey der unangefochtene Starting Runningback in Carolina. Bereits in seinem zweiten Jahr wurde er der erste Spieler in der Geschichte des Franchise, der 100 Rushing Yards und 100 Receiving Yards in einem Spiel erreichte. Diesen Rekord stellte er am 25. November 2018 bei einem Heimspiel gegen die Seattle Seahawks auf.

Ein Jahr später beendete er die Saison mit 1.387 Rushing Yards und 1.005 Receiving Yards. Eine derartige Leistung gab es bisher nur von zwei weiteren Spielern in der NFL-Geschichte. Roger Craig gelang dies 1985 bei den San Francisco 49ers und Marshall Faulk überschritt die 1.000 und 1.000er-Marke 1999 bei den St. Louis Rams.

Die Panthers hatten sich 2017 also um einen sehr talentierten und außergewöhnlichen Runningback verstärkt.

**Christian McCaffrey (2017-2022)**

- *NFL Pro Bowl (2019)*
- *Dritter Spieler der NFL-Geschichte mit einer 1.000 Yards Rushing + 1.000 Yards Recieving Saison*
- *Erster Spieler der NFL-Geschichte mit 3.000 Yards Rushing + 3.000 Yards Recieving nach 57 Spielen*
- *Erster Spieler der NFL-Geschichte mit 116 Receptions in einer Saison (2019)*
- *Platz 4 Panthers All-time Rushing Leader (3.980 Yards)*

## Die Panthers werden verkauft

Der Saisonstart 2017 lief für die Panthers recht gut. Das erste Spiel konnten sie mit 23:3 deutlich gegen die San Francisco 49ers gewinnen. Nach einem punktearmen ersten Heimspiel gegen die Buffalo Bills – die Panthers gewannen durch drei Field Goals 9:3 – mussten die Panthers leider schon einen herben Verlust einstecken.

Greg Olsen, Cam Newtons zuverlässige Anspielstation, brach sich im Spiel gegen die Bills den rechten Fuß und fiel damit für einen längeren Zeitraum aus.

In Woche 4 reisten die Panthers nach Foxborough, um gegen Tom Brady und seine New England Patriots anzutreten. Nach ausgeglichenen knapp 60 Minuten stand es 30:30 unentschieden. Graham Gano schoss bei auslaufender Uhr das Game Winning Field Goal zum 33:30-Endstand. Zum ersten Mal seit 1995 gewannen die Panthers auswärts bei den Patriots und das Spiel endete quasi wie der Super Bowl XXXVIII der Saison 2003, nur hieß der Sieger diesmal Carolina.

Im Oktober, kurz vor der NFL Trade Deadline, trennten sich die Panthers relativ überraschend von Wide Receiver Kelvin Benjamin. Der Erst-Runden-Pick aus dem Jahr 2014 wurde im Austausch für einen Dritt- und einen Siebt-Runden-Pick im kommenden Draft zu den Buffalo Bills getraded. Marty Hurney begründete dies damit, dass die Panthers ohne Greg Olsen auf dem Feld etwas flexibler und schneller sein müssten und sich diese Anforderungen eher mit Curtis Samuel und Devin Funchess umsetzen ließen.

Trotz alledem konnten die Panthers sich nach einem Sieg gegen Tampa Bay in Woche 16 einen Platz in den Play-offs sichern. Nachdem Carolina aber in der letzten Spielwoche gegen die Atlanta Falcons eine Niederlage einstecken musste, gewannen die New Orleans Saints die NFC South und die Panthers beendeten die Saison mit einer Bilanz von 11-6.

Nachdem Carolina in der Saison zweimal gegen den Divisionsrivalen New Orleans verloren hatte, kam es in der Wild-Card-Runde noch einmal zu einer Begegnung beider Mannschaften. Dieses Spiel markierte das erste Zusammentreffen beider Teams in den Play-offs.

Die Panthers zeigten sich kämpferisch und die Defense schaffte es, das explosive Laufspiel der Saints unter 100 Yards zu halten. Auch Cam Newton machte mit zwei Touchdown-Pässen und 349 Yards Passing sowie 37 Yards Rushing ein sehr gutes Spiel. Greg Olsen, der nach seiner Verletzung wieder in Form war, fing achtmal den Ball für 107 Yards und einen Touchdown.

Rookie Christian McCaffrey erreichte ebenfalls über 100 Receiving Yards und erzielte einen Touchdown. Trotzdem gingen die Saints mit einem Endstand von 26:31 als Sieger vom Platz und die Panthers schieden in der ersten Runde der Play-offs aus.

Bereits vor den Play-offs standen die Panthers jedoch wegen etwas völlig anderem im Rampenlicht. Etwas, das die Zukunft und die Ausrichtung des Franchise nachhaltig verändert hat.

Bereits in Woche 15, am Sonntag, den 17.12.2017, veröffentlichte Jerry Richardson ein Statement, in dem er mitteilte, dass er die Carolina Panthers nach der laufenden Saison verkaufen würde.

*„Ich glaube, dass es an der Zeit ist, das Franchise an einen neuen Eigentümer zu übergeben. Deshalb werde ich das Team am Ende dieser NFL-Saison zum Verkauf anbieten. Wir werden mit dem Verkaufsprozess erst nach dem letzten Spiel beginnen und auch keine Anfragen entgegennehmen. Ich hoffe, dass sich jeder in dieser Organisation auf eine einzige Aufgabe konzentrieren wird: zu spielen und den Super Bowl zu gewinnen."*

Jerry Richardson galt generell als ein etwas stillerer Besitzer. Zu diesem Zeitpunkt war er bereits 81 Jahre alt und litt bereits seit einigen Jahren an gesundheitlichen Problemen. Nachdem er im Jahr 2009 eine Herztransplantation überstanden hatte, zog er sich weitgehend aus dem NFL-Tagesgeschäft zurück.

Allerdings geschah vor seiner Ankündigung zum Verkauf des Teams noch etwas anderes. Am Freitag vor dem Spiel gegen die Packers erklärten die Panthers in einem Statement, dass es interne Untersuchungen gegen Jerry Richardson aufgrund von sexuellem Fehlverhalten am Arbeitsplatz gäbe. Auf weitere Details wurde nicht eingegangen.

Noch vor dem Kick-off am Sonntag veröffentlichte das Magazin *Sports Illustrated* einen ausführlichen Bericht mit einer langen Liste von Anschuldigungen gegen den Besitzer der Panthers.

Mehrere weibliche Angestellte gaben gegenüber dem Magazin an, dass unpassende und anzügliche Sprüche der Tagesordnung gewesen seien. Eine Mitarbeiterin berichtete, Richardson hätte angeboten, ihr persönlich die Beine zu rasieren. Andere berichteten von Berührungen am Rücken, die zu lange andauerten und zu tief gingen. Auch das sogenannte Gurtmanöver, bei dem er sich im Auto über Mitfahrerinnen beugte, um sie anzuschnallen und dabei die Brüste berührte, wurde von mehreren Frauen beschrieben.

*Sports Illustrated* zufolge forderte Richardson mehrfach weibliche Angestellte auf, ihn während eines Arbeitstages in seiner Suite im Bank of America Stadium zu besuchen. Richardsons Assistent begleitete die Frauen dorthin und ließ diese dann mit dem Besitzer allein. Zusätzlich zu diesen Vorwürfen war in dem Bericht von rassistischen Beleidigungen gegen einen afroamerikanischen Scout der Panthers zu lesen.

Mit seinem Verhalten löste Richardson natürlich auch Beschwerden aus, jedoch gelang es ihm anscheinend, diese unter den Teppich zu kehren.

*Sports Illustrated* berichtete von mindestens vier Mitarbeitern, mit denen Richardson eine Art Vergleich geschlossen hatte. Die Mitarbeiter erhielten signifikante Geldzahlungen, die von Geheimhaltungsklauseln begleitet wurden, um den Eigentümer und letztlich die Panthers vor negativen Schlagzeilen zu schützen.

Nachdem die Recherchen von *Sports Illustrated* veröffentlicht wurden, schaltete sich nun auch die NFL ein, um die Vorwürfe zu untersuchen.

Jerry Richardson gab bekannt, sich umgehend aus dem Tagesgeschäft zurückzuziehen und übertrug seine Aufgaben an die langjährige Panthers-Mitarbeiterin und ehemalige Cheerleaderin der Top Cats, Tina Becker.

Becker hatte bereits seit 2014 die Position Executive Director of the Owner's Office inne und wurde, nachdem Richardson ihr das Tagesgeschäft übertrug, zum Chief Operation Officer. Eine ihrer ersten Amtshandlungen war, Ron Rivera mit einem neuen Vier-Jahres-Vertrag auszustatten – vermutlich auch einfach, um eine gewisse Stabilität der Carolina Panthers zu signalisieren.

In den folgenden Wochen wurde alles Weitere in die Wege geleitet, um die Carolina Panthers zu verkaufen. Jerry Richardson trat diesbezüglich kaum in der Öffentlichkeit in Erscheinung. Auch an NFL-Meetings, wie dem Treffen der Eigentümer, nahm er nicht mehr teil. Die NFL-internen Untersuchungen zu den Vorwürfen gegen den Gründer der Panthers waren etwas langwierig und zogen sich bis Juni 2018 hin.

Nach Abschluss der Untersuchungen belegte die NFL Richardson mit einer Strafe von 2,75 Millionen US-Dollar aufgrund Fehlverhaltens am Arbeitsplatz. Ein Großteil der Strafe sollte Organisationen zugutekommen, die laut eines Statements der NFL sich „mit rassistischen und geschlechtsspezifischen Problemen innerhalb und außerhalb des Arbeitsplatzes befassen".

## Ein neuer Sheriff in der Stadt

Während in den folgenden Wochen spekuliert wurde, wer alles als Käufer für die Carolina Panthers infrage kommen könnte, kursierte ein Name schon relativ früh – der Name David Tepper.

Der am 11. September 1957 geborene David Tepper hatte zu diesem Zeitpunkt bereits eine Karriere in der Finanzwelt hinter sich, mit der er ein Milliardenvermögen verdient hatte.

Der Sohn einer Grundschullehrerin und eines Buchhalters wuchs in einem bürgerlichen Viertel von Pittsburgh auf. Schon in frühen Jahren hatte David Tepper ein besonderes Talent für Zahlen und lernte zum Beispiel Statistiken auf Baseballkarten auswendig, spielte aber außerdem auch Football.

Nach der Highschool studierte Tepper an der University of Pittsburgh Wirtschaftswissenschaften. Nach seinem Abschluss arbeitete er zunächst bei einer Bank als Kredit- und Wertpapieranalyst, bevor er sich dazu entschloss, an der Carnegie Mellon University weiter zu studieren und dort 1982 mit einem Master of Science in Industrial Administration abschloss.

Mitte der 1980er-Jahre siedelte Tepper nach New York City über und arbeitete für die bekannte Investmentbank *Goldman Sachs*. 1993 startete er mit *Appaloosa Management* seinen eigenen Hedgefonds, wo er teils mit riskanten Geschäften sehr viel Geld verdiente. Tepper lenkte sein Unternehmen auch geschickt durch schwierige Zeiten, in denen er viel Geld verlor, aber seine Verluste im folgenden Jahr immer mehr als ausgleichen konnte.

David Tepper ist ein Milliardär, der sein Geld auch gerne ausgibt. So soll er zum Beispiel für die Bat Mizwa seiner Tochter die Pop-Sängerin Ashlee Simpson angeheuert haben. Ebenso kaufte er eine über 40 Millionen US-Dollar teure Villa an der Küste in den Hamptons. Die Villa gehörte zuvor der Frau des ehemaligen Goldman-Sachs-CEO, Jon Corzine.

Tepper war bei Corzine nicht besonders beliebt und wurde trotz seiner guten Leistungen bei *Goldman Sachs* bei einer Beförderung übergangen. Tepper ließ die Villa, die Corzine und seine Frau als Sommerresidenz diente, abreißen und baute eine neue Villa auf dem Grundstück. Und zwar doppelt so groß.

Neben diesen speziellen Ausgaben zeigt sich David Tepper ebenso von einer philanthropischen Seite. Im Laufe der Jahre spendete er viele Millionen US-Dollar, speziell an Schulen und Universitäten. 2004 spendete er 55 Millionen US-Dollar an die Carnegie Mellon University und einige

Jahre später unterstützte er seine Alma Mater mit weiteren 67 Millionen US-Dollar.

Mit seiner Stiftung, der *David Tepper Foundation*, unterstützt er eine Reihe von Organisationen, die sich unter anderem für bessere Schulbildung bei Kindern einsetzen, Lebensmitteltafeln und Hilfe bei Naturkatastrophen wie Hurricanes leisten. Auch während der Coronapandemie stellte Tepper für Hilfsmaßnahmen mehreren Millionen US-Dollar bereit.

*„Ich denke, in diesen Zeiten müssen die Leute einspringen, wenn sie die Möglichkeit dazu haben. Punkt."*

David Tepper war und ist ein Fan des Sports. Kurz nachdem die Pittsburgh Steelers 2009 den Super Bowl gewannen, sicherte sich Tepper einen Anteil von fünf Prozent an seinem Heimteam. Damit hatte Tepper bereits Berührungspunkte mit dem NFL-Geschäft und mit den zum Verkauf stehenden Carolina Panthers ergab sich für ihn die Chance, sein Geld in eine Sache zu investieren, an der ihm auch persönlich etwas zu liegen schien.

Mitte Mai 2018 wurde bekannt, dass David Tepper den Zuschlag zum Kauf der Panthers erhalten würde. Mit seinem damals geschätzten Vermögen von 11 Milliarden US-Dollar brauchte er keine Minderheitsgesellschafter für das Team. Er bekräftigte außerdem, dass die Panthers auch nach einem Kauf in Charlotte zu Hause bleiben würden.

Nachdem es auch bei der Mehrheit der NFL-Teambesitzer keine Einwände gegen David Tepper als Käufer der Panthers gab, wurde dieser für die Summe von 2,275 Milliarden US-Dollar der neue Eigner der Franchise.

Bis zum Verkauf der Denver Broncos 2022 für 4,65 Milliarden US-Dollar war der Preis, den David Tepper für die Panthers bezahlte, eine Rekordsumme. Am 10. Juli 2018 wurde David Tepper als neuer Besitzer offiziell vorgestellt. Bei der Antritts-Pressekonferenz präsentierte er seine Vision, was er als neuer Eigner des Franchise alles erreichen wollte:

*„Gewinnen ist das Wichtigste, auf und neben dem Spielfeld und in der Gemeinschaft, und ich bin entschlossen, gemeinsam eine Super-Bowl-Meisterschaft zu gewinnen. Ich freue mich darauf, Teil der Panthers-Familie zu sein und diese blühende Region zu unterstützen."*

Anders als sein Vorgänger Jerry Richardson ist David Tepper von Anfang jemand, der eine engere Beziehung zu Spielern, Fans und Medien pflegt. Stellenweise macht er den Eindruck des „netten Milliardärs von nebenan". Selten sieht man ihn in Anzug oder mit Krawatte. In seinen ersten Monaten bei den Panthers suchte er deutlich die Nähe zu Spielern, Medien und Fans. Tepper machte vieles anders als andere Teambesitzer.

Die Verpflichtung von Safety Eric Reid, der neben Colin Kaepernick aufgrund seiner Proteste gegen Rassismus, in deren Rahmen er auf dem Feld bei der Nationalhymne aufs Knie ging, zu dieser Zeit als eine Art Persona non grata in der NFL galt, zeigte gleich zu Beginn von Teppers erster Saison als neuer Eigner, dass er bereit war, gewisse Risiken einzugehen und ihn bestimmte Dinge einfach nicht kümmern. Er tat das, was aus seiner Sicht das Beste für sein Team war.

Nachdem er kurz vor Saisonbeginn zwei Tage das Trainingslager im Wafford College besucht hatte, wussten auch die Spieler, was die Toppriorität des neuen Eigners war. Cam Newton sagte hierzu: „Das Erste, was er sagte, war, dass er gewinnen will."

# 10 ALLES ODER NICHTS (2018)

Nach dem frühen Aus in den Play-offs der vorigen Saison sollte es nun doch noch klappen und die Panthers wollten nochmals alles geben, um einen tiefen Play-off-Run zu versuchen. Denn das Titelfenster, in dem sich die Panthers befanden, begann sich durch das Alter von Greg Olsen, Thomas Davis und auch Ryan Khalil zu schließen. Auch Cam Newton musste trotz seines vergleichsweise noch jungen Alters in den vergangenen Jahren schon einiges einstecken. Seine Spielweise und die vielen Hits der letzten Jahre hatten ihre Spuren hinterlassen.

Mit der langjährigen Erfahrung des neuen Offensive Coordinators Norv Turner, der seinen Sohn Scott als Quarterback-Coach mit nach Charlotte brachte, sollte die Panthers Offense um Cam Newton und Christian McCaffrey mit neuen Talenten wie DJ Moore und Ian Thomas etwas neue Strahlkraft bekommen. Auch die Defense sollte mit dem Rookie-Cornerback Donte Jackson und den Veteranen Thomas Davis und Luke Kuechly an die Bestform von 2015 herankommen.

Die erste Saison mit David Tepper sollte eine der erfolgreichsten der Panthers Geschichte werden. Die von *Amazon* produzierte Serie, in der die Panthers in der Saison 2018 begleitet wurden, brachte es mit ihrem Titel auf den Punkt. *All or nothing* – alles oder nichts.

Die Saison startet vielversprechend. Die Panthers eröffneten die Saison im Bank of America Stadium mit einem Sieg gegen die Dallas Cowboys. Doch der erste Sieg in der Saison hatte seinen Preis. Greg Olsen, der im Vorjahr neun Spiele aufgrund einer Fußverletzung verpasste, verletzte sich an diesem Fuß erneut und fiel vier Wochen lang aus.

Nach einer Niederlage gegen die Atlanta Falcons und einem Sieg gegen Cincinnati empfingen die Panthers nach einer sehr frühen Bye Week in Woche 5 die New York Giants in Charlotte. Graham Gano war es zu verdanken, dass die Panthers nach diesem Spiel bei einer Bilanz von 3-1 standen.

Kurz vor Schluss lagen die Panthers bei einem Punktestand von 30:31 knapp zurück. Die Offense tat alles, um in ihrem letzten Drive noch einmal die Chance auf ein Field Goal zu bekommen. Mit nur noch sechs Sekunden auf der Uhr verwandelte Graham Gano seinen Kick aus 63 Yards Entfernung und schrieb damit Geschichte. Bis heute ist dieses Field Goal das längste in der Geschichte der Carolina Panthers und das siebtlängste der ganzen NFL.

Die Panthers verloren in der kommenden Woche gegen die Washington Redskins, bevor sie beim amtierenden Super Bowl Champion Philadelphia antraten.

Die Eagles kamen vor heimischer Kulisse sehr gut ins Spiel und den Panthers gelang praktisch nichts. Im vierten Viertel, es waren noch 11 Minuten zu spielen, lag Carolina mit 0:17 hinten. Es folgte das bis dato größte Comeback der Franchisegeschichte.

Cam Newton und seine Offense schafften es bis zur 14-Yard-Linie der Eagles und im nächsten Spielzug gelang es Curtis Samuel, mit einem Rushing Touchdown die ersten Punkte für die Panthers zu erzielen. Die Eagles blieben im nächsten Drive punktlos und Carolina bekam den Ball fünf Minuten vor Schluss zurück. Auch in diesem Drive konnten die Panthers punkten. Nach einem tiefen Pass von Newton konnte Devin Funchess den Ball in der Endzone fangen.

Kurz vor der Two-Minute-Warnung kam es zu einem kritischen Drive der Panthers. An der eigenen 32-Yard-Linie mussten die Panthers ein viertes Down & 10 dringend erfolgreich verwandeln, um noch eine Chance auf den Sieg zu wahren. Cam Newton wurde schnell unter Druck gesetzt und musste nach vorn aus der Pocket laufen, um nicht gesacked zu werden.

Noch im Lauf brachte er einen Pass auf Torrey Smith an, der den Ball an der 43-Yard-Linie fing und nach dem Catch noch einige Yards auf dem Boden gutmachen konnte. Im Anschluss konnten die Panthers nochmals punkten. Die Uhr zeigte eine Minute und 26 Sekunden, als Cam Newton von der Sieben-Yard-Linie der Eagles in die Endzone warf, wo er zuverlässig gefangen wurde – natürlich von Greg Olsen, der in Woche 5 von seiner Verletzungspause zurückgekehrt war.

Die Panthers lagen nun mit 21:17 vor den Eagles, aber Quarterback Carson Wentz und seine Offense schafften es noch einmal, den Ball bis zur 14-Yard-Linie der Panthers zu bringen. Die Eagles spielten einen vierten Versuch aus, aber Julius Pepper beendete das Spiel mit einem Sack von Wentz.

Die Panthers nahmen das Momentum aus diesem Spiel mit nach Hause und besiegten in der kommenden Woche die Baltimore Ravens, die zu dieser Zeit die beste Defense der NFL besaßen. Nach einem weiteren problemlosen Sieg gegen Tampa Bay standen die Panthers bei einem Record von 6-2.

Cam Newton spielte in der Offense von Norv Turner beinahe auf seinem MVP-Niveau, auch wenn im Vergleich seine tiefen Pässe deutlich nachließen. Über diese ersten acht Spiele erreichte Cam ein Rating von 100.8 Punkten und warf für 1.893 Yards mit 15 Touchdowns und vier Interceptions.

Allerdings hatten diese Zahlen Auswirkungen auf seinen Körper und Newton tauchte immer wieder auf dem Injury Report der Panthers auf. Der Grund waren Schmerzen in seiner im Vorjahr operierten Wurfschulter. Bereits nach dem Spiel in Woche 7, wo er gegen Philadelphia ein großartiges Comeback orchestrierte, litt er an Schmerzen und konnte nur eingeschränkt trainieren.

In der zehnten Woche spielten die Panthers das Thursday Night Game in Pittsburgh gegen die Steelers. Mit diesem Spiel begann eine Abwärtsspirale für Carolina.

Die Steelers dominierten an diesem Abend und ließen den Panthers keine Chance. Das Spiel ging mit einem deutlichen Endstand von 21:52 an den Gastgeber. Der schon angeschlagene Cam Newton wurde fünfmal gesacked. Eine Schlüsselszene ereignete sich gegen Ende des zweiten Viertels, als der Outside Linebacker TJ Watt ungeblockt mit dem Kopf voran in die Wurfschulter von Newton rannte.

Eine gelbe Flagge suchte man auch nach dieser Aktion vergebens auf dem Feld. Dieser Hit verschlimmerte das Problem mit Newtons Schulter und er konnte die nächsten Wochen nur sehr eingeschränkt trainieren Die Panthers verloren die nächsten sechs Spiele.

Aber auch in der Defense kriselte es. Nachdem Ron Riveras Defensive Coordinator Steve Wilks den Posten des Head Coachs bei den Arizona Cardinals übernommen hatte, war dessen Nachfolger Eric Washington leider nicht besonders erfolgreich. Nach der Niederlage gegen Tampa Bay in Woche 13 entließ Ron Rivera den Coach der Defensive Line sowie den Coach der Secondary und übernahm selbst das Playcalling der Defense.

Auch wenn die Panthers einige der letzten Spiele nur sehr knapp verloren, war für alle sichtbar, dass Cam Newtons Arm in puncto Kraft und Genauigkeit absolut limitiert war. Als Folge startete in Woche 16 Backup Quarterback Taylor Heinicke, aber auch er konnte die Abwärtsspirale nicht unterbrechen. Die Panthers gewannen mit Kyle Allen als Quarterback schließlich das letzte Spiel der Saison gegen eine B-Mannschaft der New Orleans Saints, die schon sicher einen Platz in den Play-offs hatten.

## DJ Moore – der Unterschätzte

Mit dem Trade von Kelvin Benjamin zu den Buffalo Bills im Herbst 2017 fehlte den Panthers ein klarer Nummer-eins-Receiver im Kader. Mit Curtis Samuel und Devin Funchess verfügte das Team zwar über zwei talentierte Spieler, der Rest des Receiver-Korps bestand mit Torrey Smith und Jarius Wright aus älteren Rotationsspielern.

Mit Christian McCaffrey und Greg Olsen gab es zwar noch weitere Passempfänger, aber die Panthers benötigten dringend einen jungen X-Receiver.

Mit Denniston Oliver „D.J." Moore Jr. fanden die Panthers genau diese Art von Spielertyp und wählten den am 14. April 1997 in Philadelphia geborenen Receiver in der ersten Runde des Drafts 2018 mit dem 24. Pick aus. Moore war außerdem der erste ausgewählte Wide Receiver des Drafts.

Panthers-Legende Steve Smith Sr., der ja weniger für seine Bescheidenheit und mehr für seine direkten Worte bekannt ist, gab DJ Moore nach dem Draft einen ziemlich hohen Vertrauensvorschuss, indem er den Pick der Panthers mit diesen Worten bewertete: „Sie konnte mich niemals ersetzen. Bis heute."

DJ Moore spielte von 2015 bis 2017 an der University of Maryland, wo er in seinem letzten Jahr nach über 1.000 Yards Receiving und acht Touchdowns zum *Big Ten Receiver of the Year* gewählt wurde. Seine Mentalität und Physis, die es ihm ermöglichte, sich mit gegnerischen Cornerbacks auf dem Feld zu duellieren und auch hart umkämpfte Bälle zu sichern, machten ihn zu einer hoffnungsvollen Waffe der Offense.

Und Steve Smith hatte mit seinem Lob nicht ganz unrecht.

In den drei aufeinanderfolgenden Spielzeiten 2019, 2020 und 2021 erreichte DJ Moore jedes Mal mehr als 1.000 Receiving Yards. Seine Total Yards in diesen drei Saisons betrugen jeweils mehr als 1.200 Yards – dies war in dieser Zeitspanne keinem anderen Wide Receiver der NFL gelungen. Neben Steve Smith und Greg Olsen ist Moore bislang der einzige Spieler der Panthers, der in drei aufeinanderfolgenden Jahren mehr als 1.000 Receiving Yards erreicht hat.

Die Produktivität von DJ Moore auf dem Footballfeld ist demnach keineswegs anzuzweifeln. Umso eindrucksvoller ist die Tatsache, dass er seit seinem Rookie-Jahr noch in jedem Jahr mit mindestens einem anderen Quarterback spielte und bisher nie die Chance hatte, eine langfristige Chemie mit seinem Spielmacher zu entwickeln. Er spielte mit Cam Newton, Kyle Allen, Will Grier, Teddy Bridgewater, P. J. Walker, Sam Darnold und Baker Mayfield.

Trotzdem wird der charakterlich eher zurückhaltende Wide Receiver selten genannt, wenn von den Top-Receivern der NFL die Rede ist. Auch wurde er bislang noch nie in den Pro Bowl gewählt – er gilt als einer der meistunterschätzten Spieler in der Liga.

**DJ Moore (seit 2018)**

- *Über 1.000 Receiving Yards in drei aufeinanderfolgenden Saisons (2019, 2020, 2021)*
- *Platz 4 Panthers All-Time Receiving Leader (5.201 Yards)*

# 11 LONDON CALLING (2019)

Die Spielzeit 2019 setzte weitere Meilensteine in der Geschichte der Carolina Panthers. Zum einen war diese Saison die 25. Saison der Panthers in der NFL und es war die neunte unter Head Coach Ron Rivera.

Nach dem mehr als enttäuschenden Ende der vorigen Saison war die Hoffnung groß, dass in dieser Saison mehr erfreuliche Momente und Spiele geschehen sollten.

Am 1. Februar 2019 beendete Julius Peppers seine Karriere nach 17 Jahren. Mit 97 Quarterback-Sacks führt er bis heute die Liste der All-Time-Sack Leaders der Panthers an. Ein Platz in der Hall of Honor der Panthers und der Football Hall of Fame scheint ihm sicher. Auch Thomas Davis, dessen Vertrag am Ende der Saison 2018 auslief, machte öffentlich, dass er für die kommende Saison nicht zu den Panthers zurückkehren würde.

Das Front Office der Panthers hatte die Prioritäten für die Off-Season bereits früh gesetzt. Nach der schlechten defensiven Leistung im Vorjahr musste die Defense jünger und dominanter werden, damit die Panthers wieder konkurrenzfähig sein könnten.

Mit ihrem ersten Pick im Draft 2019 wurde der Defensive End Brian Burns von der Florida State University ausgewählt. Mit der Geschwindigkeit und Agilität von Burns, dessen älterer Bruder Stanley McClover im Draft 2006 in Runde 7 ebenso von den Panthers gedraftet wurde, sollte dem zahnlosen Pass Rush der Panthers neues Leben eingehaucht werden.

Auch der Schutz des Quarterbacks stand im Fokus. Nachdem Matt Khalil die gesamte Saison 2018 verpasste, wurde der Offensive Tackle im März 2019 entlassen. Als Ersatz wurde Greg Little als neuer Beschützer von Cam Newtons Blind Side in der zweiten Runde ausgewählt.

Um Center Ryan Kalil zu ersetzen, der wie Julius Peppers seine Karriere beendet hatte, wurde der Free Agent Matt Paradis verpflichtet. Da Ron Rivera und Eric Washington die Defense der Panthers in dieser Saison auf eine 3-4 Defense umgestellt hatten – gerüchteweise auf Wunsch von David Tepper –, kamen noch die beiden Veteranen Bruce Irvin als Outside Linebacker und Gerald McCoy auf der Defensive-Tackle-Position dazu.

Cam Newton unterzog sich in der Off-Season einem Eingriff an seiner Schulter, um für die kommende Saison wieder komplett fit und belastbar zu sein. Nach einem erfolgreichen Trainingslager hatten viele Fans die Hoffnung, den alten Cam wieder auf dem Feld zu sehen. Doch leider kam es anders.

In der dritten Woche der Preseason spielten die Panthers auswärts gegen die New England Patriots. In dieser Partie hatten auch alle Stammspieler einige Snaps, um sich auf dem Feld zu finden. Nachdem Cam Newton von einem Spieler der Patriots gesacked wurde, verließ er das Spielfeld und zum Schrecken aller Fans war zu beobachten, dass er offensichtlich starke Schmerzen hatte.

Zunächst sah alles nach einem verstauchten Fuß aus, aber nachdem Cam Newton die ersten beiden Spiele der Saison alles andere als fit aussah, gab es doch erhebliche Zweifel an der kommunizierten Verletzung.

Nachdem Newton in seinen ersten acht Jahren in der NFL nur zweimal keine oder gar negative Rushing Yards erzielte, kam es in den beiden Spielen gegen die Los Angeles Rams und die Tampa Bay Buccaneers gleich zweimal vor.

Über den körperlichen Zustand des Franchise-Quarterbacks wurde wochenlang spekuliert und diskutiert. Auch Ron Rivera gab in seinen Pressekonferenzen wenig konkrete Informationen heraus. Nach mehreren Wochen des Rätselratens stellte sich heraus, dass sich Cam Newton eine Lisfranc-Verletzung, einen komplizierten Bruch im Mittelfußknochen, zugezogen hatte und musste operiert werden. Damit war nach zwei Spielen die Saison für Newton beendet.

Ab Woche 3 übernahm Kyle Allen, ein Undrafted Free Agent, der bereits das letzte Spiel der Saison 2018 als Quarterback gestartet hatte. Zusammen mit Christian McCaffrey, der nun maßgeblich die Offense trug, gewannen die Panthers die folgenden vier Spiele.

Im Spiel gegen die Jacksonville Jaguars in Woche 5 gewannen die Panthers mit Ron Rivera als Head Coach zum 74. Mal. Rivera war und ist bis heute der Head Coach, mit dem die Carolina Panthers die meisten Spiele gewonnen haben. In der Halbzeit dieses Spiels gab es zudem ein weiteres Highlight.

In der NFL hat im Grunde jedes Team eine Art Ritual oder „Gedenkstätte", um ehemalige Spieler oder andere Mitglieder des Franchise zu ehren.

Die Panthers waren diesbezüglich eher sparsam unterwegs. Die Panthers „Hall of Honor" wurde 1997 ins Leben gerufen. Die einzigen Mitglieder waren bisher der 2004 verstorbene Linebacker und Coach Sam Mills und der ehemalige Präsident und General Manager der Panthers, Mike McCormack.

Der 2013 verstorbene McCormack, der ein enger Berater von Jerry Richardson war und maßgeblich mit daran beteiligt, dass die Panthers als neues NFL-Franchise nach Charlotte kamen, wurde als Erster in die Hall aufgenommen. Sam Mills wurde diese Ehre 1998, ein Jahr, nachdem er seine Karriere beendet hatte, zuteil.

David Tepper war zu Recht der Meinung, dass es nach mehr als 20 Jahren mehr als überfällig war, weitere verdiente Spieler in die Hall of Honor aufzunehmen. Und so wurden Wide Receiver Steve Smith, Sr., Quarterback Jake Delhomme, Offensive Tackle Jordan Gross und Tight End Wesley Walls am 06. Oktober 2019 in der Halbzeitpause im Spiel gegen die Jaguars offiziell geehrt.

Die Namen aller Mitglieder der Hall of Honor wurden an den Wänden des Bank of America Stadium am obersten Rang angeschlagen und sind nun bei den Heimspielen der Panthers allgegenwärtig.

In der folgenden Woche bestritten die Carolina Panthers zum ersten Mal in ihrer Geschichte ein Spiel auf nicht amerikanischem Boden. Im Rahmen der NFL International Games spielten die Panthers gegen die Tampa Bay Buccaneers im neuen Tottenham-Hotspur-Stadion in London. Vor über 60.000 größtenteils europäischen Fans spielten die Panthers eine starke Partie und gewannen nach einem punktereichen Spiel 37:26. Für viele europäische Fans war dies ein besonderes Erlebnis und die Panthers dankten es den Zuschauern mit einer eindrucksvollen Vorstellung.

Nach einer verheerenden 13:51-Niederlage gegen die San Francisco 49ers in der darauf folgenden Woche siegten die Panthers in Woche 9 gegen die Tennessee Titans mit 30:20 vor heimischer Kulisse. Trotz ihrer Startschwierigkeiten standen die Panthers bei einer Bilanz von fünf Siegen und drei Niederlagen. Dank der unfassbaren Leistung von Christian McCaffrey hatten die Panthers die Saison noch nicht abgeschrieben – obwohl sie ohne ihren Franchise-Quarterback spielen mussten.

Zu diesem zugegeben frühen Zeitpunkt der Saison wurde Christian McCaffrey auch als möglicher MVP-Kandidat der Saison gehandelt. McCaffrey beendete die Saison mit der Rekordmarke von 1.000 Yards Receiving und 1.000 Yards Rushing. Trotz dieser Leistung blieb das Spiel gegen die Titans der letzte Sieg der Panthers in der Saison 2019. Die Offense war mit Kyle Allen als Backup-Quarterback doch deutlich limitiert und auch die Panthers Defense spielte speziell gegen den Lauf äußerst schwach.

Wie auch in der Saison zuvor kam Carolina in eine Abwärtsspirale, die sie nicht unterbrechen konnten. Mit acht Niederlagen in Folge schlossen die Panthers die Saison mit fünf Siegen und elf Niederlagen ab.

Nach der 21:29-Niederlage gegen die Washington Redskins in Woche 13 wurde Ron Rivera von David Tepper entlassen. Trotz der Tatsache, dass das Team ohne Cam Newton spielte und es auf vielen anderen Positionen Verletzungen gab, war David Tepper davon überzeugt, dass es einen anderen Head Coach in Charlotte benötigte, um wieder erfolgreich zu sein.

Die Entlassung von Rivera war für NFL-Verhältnisse tatsächlich etwas Besonderes.

Nachdem die Nachricht bereits offiziell war, hielt Rivera nochmals eine letzte Pressekonferenz ab. Dies war an sich schon nicht alltäglich. Er nahm sich auch noch Zeit, um Secondary Coach Perry Fewell kurz auf seine Aufgabe als Interims-Head-Coach vorzubereiten. Ron Rivera verabschiedete sich nicht im Bösen von der Franchise. Er ging mit einem gewissen Stil. Sicherlich eine der Eigenschaften, die ihn bei Spielern und Fans sehr beliebt machte.

Nun lag es also an David Tepper, einen neuen Head Coach für die Panthers zu suchen.

Und zwar am besten einen, der es schaffte, das Team wieder nach vorne zu bringen.

V

# REBUILD?

**2020**

**7. Januar**
Matt Rhule wird neuer Head Coach.

**21. Dezember**
General Manager Marty Hurney wird entlassen.

**2021**

**14. Januar**
Scott Fitterer wird neuer General Manager.

**2022**

**10. Oktober**
Matt Rhule wird entlassen, Steve Wilks wird Interims-Head-Coach.

**2023**

**26. Januar**
Frank Reich wird neuer Head Coach.

# 1 MATT RHULE – EINE NEUE HOFFNUNG

Am 07. Januar 2020, knapp eine Woche nach dem letzten Saisonspiel, wurde Matt Rhule als neuer Head Coach der Carolina Panthers vorgestellt. Mit ihm sollte der notwendige Umbruch des Teams vorangebracht werden. Die Panthers waren über die letzten Jahre eines der Teams mit dem höchsten Durchschnittsalter der Spieler. Eine Verjüngung des Kaders schien daher unumgänglich, um einen sportlichen Neustart anzustreben. Zudem hatte Teambesitzer David Tepper die Vorstellung von einer moderneren, von Football-Analytics geprägten Ausrichtung des Footballs in Carolina.

*„Aufgrund meines Hintergrunds lebte ich in einer analytischen Welt. Einer Welt von Statistiken. Es geht um innovative Prozesse und Prozessmanagement. Man kann auch ein Prozessmanagement der alten Schule betreiben, aber ein innovatives Prozessmanagement benötigt moderne und innovative Methoden."*

Diese modernen und innovativen Methoden sollte Matt Rhule mitbringen. Der am 31. Januar 1957 New York City geborene Matthew Kenneth Rhule zog im Teenageralter mit seiner Familie nach Pennsylvania in die Nähe der Penn State University, an der Matt Rhule von 1994-1997 Politikwissenschaften studierte und für die Penn State Nittany Lions als Linebacker Football spielte. 2003 erwarb er zusätzlich einen Master in Schulpsychologie an der University of Buffalo.

Matt Rhule begann seine Karriere als Footballtrainer direkt nach seinem Studium an der Penn State, wo er zunächst als freiwilliger Assistent der Lions arbeitete, bevor er am Albright College in Pennsylvania als Linebacker Coach und Scout arbeitete.

Nach Stationen an verschiedenen Colleges in Buffalo und Kalifornien, wo er für die Defensive Line zuständig war, kam er 2002 an die Western Carolina University, wo er die nächsten Jahre verschiedene Coachingpositionen für Offense und Defense bekleidete.

2006 kam Matt Rhule zur Temple University und coachte auch dort zunächst die Defensive Line. Später war er auch für die Quarterbacks verantwortlich und war ab 2008 der Offensive Coordinator der Temple Owls. Er unterbrach seine Tätigkeit an der Temple 2012 und machte in diesem Jahr seine erste NFL-Erfahrung in seiner Heimatstadt New York.

Hier arbeitete er bei den Giants, die im Jahr zuvor Super Bowl Champion geworden waren, als Assistenztrainer der Offensive Line unter Head Coach Tom Coughlin. Nach seiner ersten und bis dato einzigen Erfahrung in der Profiliga kehrte Rhule als Head Coach nach Temple zurück.

In seiner ersten Saison als Head Coach gewannen die Temple Owls nur zwei von zehn Spielen. Ein Jahr später hatte das Team eine Bilanz von 6–6 und im Jahr 2015 gewannen die Owls zehn Spiele der regulären Saison und zogen damit in das Championship Game der American Athletic Conference (ACC) ein, das sie jedoch verloren. In Rhules dritter Saison erreichte das Team das Finale erneut und gewann die Conference-Meisterschaft.

Matt Rhule hatte das Footballprogramm der Universität innerhalb von drei Jahren auf die Erfolgsspur gebracht. Ein Jahr später wurde er Head Coach an der Baylor University in Texas, wo ihm mit den Baylor Bears ein ähnlicher „Turnaround" gelang.

In Baylor wartete allerdings noch eine andere Herausforderung auf Rhule. Die Universität befand sich inmitten eines Skandals unvorstellbaren Ausmaßes. Von 2012 bis 2016 kam es dort zu sexuellen Übergriffen bis hin zu Gruppenvergewaltigungen durch einen Großteil der Spieler des Footballteams. Auch der Trainerstab war hier mit involviert. Untersuchungen und Berichte über diese Zustände wurden zudem von Schulbeamten systematisch unterdrückt.

Matt Rhule kam demnach an eine Universität, an der nicht nur das Footballprogramm am Boden lag. Im ersten Jahr gewannen die Baylor Bears nur ein einziges Spiel. Aber wie bei den Temple Owls brachte Rhule das Team wieder in die Spur. Nach einer Bilanz von 7–6 im zweiten Jahr schlossen die Bears die Saison mit 11 Siegen und nur einer Niederlage an der Spitze der Big-12-Conference ab.

Seine Leistungen als Coach, dem es zweimal gelang, ein Footballteam wieder auf Erfolgskurs zu bringen, brachte David Tepper und Marty Hurney zu der Meinung, dass Matt Rhule der perfekte neue Head Coach für die Panthers sein würde.

Rhule bekam einen Vertrag über sieben Jahre und sollte in diesen Jahren 62 Millionen US-Dollar verdienen. Auch die Fans der Panthers waren von Matt Rhules Auftreten und seinem Charisma überzeugt. Die Antrittsrede auf der Pressekonferenz hielt Rhule mit viel Pathos vor Spielern, Medienvertretern und seiner Familie ab. David Tepper zeigte sich zufrieden mit seiner Wahl und äußerte sich sehr zuversichtlich.

*„Er ist beeindruckend in Sachen Spielerentwicklung, Sportwissenschaft, Erholungstechniken, Trainingsintensität und Integration mit dem Kraftprogramm.*
*Ich glaube, dass Matt Rhule hier eine Organisation für die nächsten 30 oder 40 Jahre aufbauen kann."*

Trotz allem gab es bei vielen Experten und Fans einige Fragezeichen. in welche Richtung sich das Team unter Matt Rhule entwickeln würde. Unterm Strich empfanden jedoch die meisten die Zusammensetzung des Trainerstabs als ein spannendes und Erfolg versprechendes Projekt.

Als Defensive Coordinator brachte Matt Rhule seinen langen Weggefährten Phil Snow mit nach Charlotte. Snow war bereits in Temple und Baylor mit dieser Aufgabe unter Rhule betraut.

Als Offensive Coordinator verpflichteten die Panthers Joe Brady, der als Passing Game Coordinator zusammen mit Quarterback Joe Burrow an der Louisiana State University die nationale Collegemeisterschaft gewonnen hatte. Brady galt als junges „Offense Mastermind" und seine neue Aufgabe in Charlotte löste bei Fans einen kleinen Hype aus.

# 2 ADERLASS UND DRAFT-GESCHICHTE

Nachdem die Panthers mit einem neuen Trainerstab ausgerüstet waren, begann dieser mit seiner Arbeit und die Off-Season nahm ihren Lauf.

Es liegt sicherlich im Auge des Betrachters, doch vermutlich waren die ersten Monate des Jahres 2020 für Panthers-Fans die schwierigsten überhaupt.

Bereits am ersten Tag, nachdem Matt Rhule seine Antrittspressekonferenz abgehalten hatte, verkündete Luke Kuechly in einem emotionalen Video sein Karriereende. Dies war für die gesamte NFL-Welt eine Überraschung und für die Fans der Panthers ein Schock.

Kuechly war zu dieser Zeit 28 Jahre alt und hatte eine sehr gute Saison hinter sich. Mit 144 Total Tackles und zwei Interceptions war er auch nach acht Spielzeiten einer der tragenden Spieler der Panthers. Unter Tränen berichtete er in einem Video, dass er sich körperlich nicht mehr in der Lage fühlen würde „schnell, physisch und stark" spielen zu können und daher auch seinem eigenen Anspruch nicht mehr entsprach:

*„Ich möchte immer noch spielen, aber ich glaube, es ist die richtige Entscheidung."*

Tatsächlich hatte Luke Kuechy im Laufe seiner Karriere schon einiges einstecken müssen. Er erlitt insgesamt drei Gehirnerschütterungen. Unvergessen ist für viele sicherlich die Szene, als Kuechly 2016 im Spiel gegen die New Orleans Saints nach einem harten Tackle gegen den Runningback Tim Hightower schluchzend auf dem Boden saß und unter Tränen vom Platz gefahren wurde. Dieser starke Gefühlsausbruch zeigte den Zuschauern die unmittelbaren Auswirkungen einer Gehirnerschütterung schockierend deutlich.

Kuechly war sich der Gefährlichkeit des Spiels immer bewusst. Bereits 2017 sagte er:

*„Ich denke, wenn man einen Kontaktsport betreibt, gibt es immer ein konkretes Risiko und eine inhärente Verletzungsgefahr. An welchem Punkt toleriert man es, und an welchem Punkt ist es genug? Es gibt eine Menge Studien und eine Menge unterschiedlicher Literatur über Gehirnerschütterungen und Kopftraumata und dergleichen, und ich denke, es ist ein neues Thema, über das wir ständig mehr und mehr lernen."*

Kuechly war 2017 der erste NFL-Spieler, der den sogenannte *Q-Collar* trug – eine Art Bügel, der um den Hals gelegt wird und Druck auf die Jugularvene im Halsbereich ausübt, um das Blutvolumen im Schädel zu erhöhen und so einen Polstereffekt für das Gehirn zu erzeugen.

In seinem Videostatement unterband Kuechly aufkommende Spekulationen direkt, indem er zudem sagte, dass sein Ruhestand nicht in Verbindung mit Matt Rhule und dem neuen Trainerstab stehen würde. Bereits nach dem letzten Spiel der 2019er-Saison wurde über ein langes Gespräch zwischen Kuechly und David Tepper berichtet, in dem Kuechly den Besitzer der Panthers vermutlich über seine Entscheidung, die ihm im Übrigen großen Respekt der gesamten NFL-Welt einbrachte, informierte.

Kuechly blieb nicht der einzige Panthers-Veteran, von dem sich die Fans verabschieden mussten. Am 30. Januar verkündeten die Panthers, dass sie sich „in beiderseitigem Einvernehmen" von Greg Olsen getrennt haben. Dass die Zeichen hier auf Abschied stehen würden, war den meisten aufgrund Olsens Alter und seines Vertrags bewusst. Bereits beim letzten Heimspiel der vergangenen Saison wurde auf der Leinwand im Bank of America Stadium eine Art Highlightvideo des Tight Ends gezeigt und Greg Olsen bedankte sich sichtlich emotional berührt bei seinem langjährigen Tight End Coach.

Die Ankündigung der Panthers entwickelte sich zu einer kleinen PR-Krise, als Greg Olsen in einem Radiointerview gegenüber dem Sportsender *WFNZ* in Charlotte angab, dass die Formulierung „einvernehmliche Trennung" etwas übertrieben wäre und die Panthers ihm eben aufgrund seines Alters, Gehalts und trotz Restlaufzeit seines Vertrags keine Garantie geben wollten, dass er in der kommenden Saison noch für das Team auflaufen würde.

Olsens Ende bei den Panthers kam natürlich nicht so überraschend wie bei Luke Kuechly, doch die Fans wurden durch Olsens Aussagen daran erinnert, dass die NFL ein knallhartes Business ist. Und dies wurde ihnen in der Off-Season 2020 noch einige Male vor Augen geführt.

Der Gesundheitszustand von Cam Newton war ein Thema, das die ganze Saison 2019 über den Carolina Panthers schwebte. Nach seiner Lisfranc-Verletzung fragten sich bereits viele Experten, ob das Spiel gegen die Tampa Bay Buccaneers in Woche 2 das letzte Spiel von Cam in einem Panthers-Trikot gewesen sein könnte.

2020 ging Newton in sein letztes Vertragsjahr und die Tatsache, dass sein Vertrag in diesem Jahr vergleichsweise wenige Garantien enthielt, machte eine Entlassung auch in Hinsicht auf einen komplett neuen Trainerstab nicht unwahrscheinlich. Cam Newton äußerte sich in mehreren Interviews öffentlich, dass er sich sicher sei, in der kommenden Saison wieder als Starting Quarterback der Panthers auf dem Feld zu stehen.

Auch Matt Rhule, der praktisch bei jedem öffentlichen Auftritt von Journalisten gefragt wurde, was seine Absicht auf der Quarterback-Position sei, gab immer an, auf jeden Fall mit Cam Newton arbeiten zu wollen. David Tepper war hier allerdings weniger eindeutig:

> *„Ich bin kein Arzt, das habe ich schon eine Million Mal gesagt: Ist er gesund? Es gibt eine Menge verschiedener Dinge, die passieren können. Sagen Sie mir, dass er gesund ist, und dann können wir reden."*

Die etwas widersprüchlichen Aussagen von Rhule und Tepper beschäftigten die Panthers-Community mehrere Wochen. Es ging sogar so weit, dass Panthers-Fan Jessy Hardy eine Fundraising-Aktion startete, um auf Werbetafeln entlang des Highways am Bank of America Stadium eine Botschaft für das Panthers Front Office anzuzeigen. „Keep Cam in Carolina" oder „Cam-Olina" war auf den Billboards zu lesen.

Am 17. März 2020 veröffentlichten die Panthers ein Statement mit den Worten: „Panthers erlauben Cam Newton die Suche nach einem Trade". Newton kommentierte deutlich einen Instagram® Post der Panthers, der das entsprechende Statement enthielt, dass er um keinen Trade gebeten habe, bezeichnete die Aussagen der Panthers als Wortspielerei.

Bei den Panthers-Fans stieß der Umgang mit dem einzigen MVP des Franchise auf kein Verständnis. Auch Greg Olsen schaltete sich in diese Konversation mit ein und kommentierte denselben Beitrag mit den Worten: „Kommt mir bekannt vor."

Kurze Zeit später gaben die Panthers bekannt, dass sie Quarterback Teddy Bridgewater verpflichtet hatten. Der Free Agent spielte in den vergangenen Jahren in New Orleans als Backup von Drew Brews und bekam nun von den Panthers einen Drei-Jahres-Vertrag mit einem garantierten Gehalt von 30 Millionen US-Dollar. Joe Brady, der neue Offensive Coordinator, kannte Bridgewater bereits, da er vor seiner Aufgabe bei der LSU als Offensive Assistant Coach bei den Saints arbeitete.

Cam Newton spielte also in den zukünftigen Plänen der Panthers keine Rolle mehr und einige Tage später wurde das Gesicht des Franchise entlassen.

Viele Panthers-Fans fühlten sich wie vor den Kopf gestoßen und waren von der neuen Führung des Teams zunächst sehr enttäuscht.

Der Aderlass des Teams ging weiter und viele Spieler wie James Bradberry, Mario Addison und Eric Reid, die in den letzten Jahren eine wichtige Rolle innehielten, wurden entlassen oder bekamen keinen neuen Vertrag.

Matt Rhule zeigte sich bereits früh als sehr loyal gegenüber Spielern, die er seit seinen Collegestationen kannte und trainiert hatte. So kam unter anderem Quarterback Phillip „PJ" Walker, der zuvor in der Football-Liga XFL recht erfolgreich spielte und Matt Rhule aus seiner Zeit bei den Temple Owls kannte, zum Team.

Auch Wide Receiver Robbie Anderson, dessen Vertrag bei den New York Jets auslief, spielte vor seiner NFL-Karriere in Temple und bekam von den Panthers einen Zwei-Jahres-Vertrag angeboten.

Noch vor dem Draft wurde der Vertrag von Runningback Christian McCaffrey vorzeitig verlängert. Diese Verlängerung von vier Jahren und garantierten 38 Millionen US-Dollar wurde nicht nur aufgrund seiner Spielerposition kontrovers diskutiert. Zu einem gewissen Teil sah es auch wie ein Signal mit der Botschaft: „Hier ist euer neues Gesicht des Franchise", an die Panthers-Fans aus.

Der Draft 2020 war in mehrerer Hinsicht historisch. Aufgrund der Corona-Pandemie fand dieser nicht wie geplant in Las Vegas statt, sondern lief, wie so vieles andere zu dieser Zeit, rein virtuell ab. NFL-Commissioner Roger Goodell verkündete die ausgewählten Spieler der Teams aus seinem heimischen Keller und die Zuschauer bekamen einen Eindruck von den „War Rooms" der Head Coaches und manchen Wohnzimmern aus Elternhäusern von Draft-Prospects.

Auch die Panthers schrieben an diesem Abend Draft-Geschichte. Als erstes Team seit 1967 investierte Carolina alle sieben Draft Picks ausschließlich in die Defense.

Defensive Tackle Derrick Brown von der Auburn University wurde als erster Spieler der ersten Runde an der siebten Stelle von den Panthers ausgewählt. Auch hier gab es viele verschiedene Meinungen, ob ein „Run-Stopper" wie Brown zielführend für den Neuaufbau der Panthers war und einen solch hohen Draft Pick rechtfertigte.

Aber die Strategie von Marty Hurney und Matt Rhule schien es zu sein, die Defense systematisch von vorne nach hinten aufzubauen. Die Panthers verstärkten sich unter anderem noch mit Defensive End Yetur Gross-Matos, Safety Jeremy Chinn und Defensive Tackle Bravion Roy.

Während des Drafts wurde Quarterback Kyle Allen, der in der vorangegangenen Saison in 13 Spielen für die Panthers startete, zu den Washington Redskins mit ihrem neuen Head Coach Ron Rivera getraded.

# 3 PANDEMIE FOOTBALL (2020)

Auch die NFL-Saison stand im Jahr 2020 im Schatten der Pandemie. Bis zum Saisonstart fanden Teambesprechungen größtenteils digital statt und die NFL-Teams hatten jede Menge damit zu tun, Hygiene- und Testkonzepte zu entwickeln, um einen Trainings- und Spielbetrieb in der Saison gewährleisten zu können.

Trotz aller Umstände und den stellenweise schlimmen Zuständen in den USA und dem Rest der Welt fand in diesem ersten Pandemiesommer eine NFL-Saison statt.

Die Spiele wurden, je nach Bundesstaat, entweder vor keinem oder einem sehr kleinen Publikum ausgetragen.

Die Panthers starteten mit zwei Niederlagen in die Saison. Nach einer knappen 30:34-Niederlage gegen die neuen Las Vegas Raiders und einer deutlichen 17:31-Schlappe gegen die Tampa Bay Buccaneers mit ihrem neuen Quarterback Tom Brady gewannen die Panthers in Woche 3 gegen die Los Angeles Chargers zum ersten Mal seit Woche 9 der vorigen Saison ein Spiel.

Christian McCaffrey, das neue Gesicht der Panthers und der wichtigste Spieler der Panthers Offense, verletzte sich in Woche 2 am Knöchel und wurde auf die Injury-Reserve-Liste gesetzt. Für ihn übernahm Runningback Mike Davis, der bereits im November des Vorjahres zu den Panthers gestoßen war, aber praktisch nie zum Einsatz kam.

Davis präsentierte sich als sehr guter Ersatz für McCaffrey und die Panthers konnten auch das nächste Spiel gegen Lieblingsgegner Arizona gewinnen. In der darauf folgenden Spielwoche gewann Carolina zum ersten Mal seit 2014 ein Auswärtsspiel bei den Atlanta Falcons. Es sah alles danach aus, dass der Neustart unter Matt Rhule doch funktionieren konnte.

Aber die Panthers konnten nur noch zwei der folgenden 11 Spiele gewinnen. Der letzte Sieg der Panthers in der Saison 2020, beim Spiel in

Washington, markierte den 200. Sieg in der Geschichte des Franchise. Die Saison der Panthers endete mit einer Bilanz von fünf Siegen und 11 Niederlagen - genauso wie im Jahr zuvor.

Mit den Verletzungen von Christian McCaffrey, Defensive Tackle Kawann Short und Tackle Russell Okung hatten die Panthers auch einfach etwas Pech und einige der elf verlorenen Spiele waren durchaus sehr knappe Niederlagen. Dahin gehend wurde die erste Saison der Panthers unter dem neuen Regime, auch aufgrund der vielen Abgänge in der Free Agency, als relativ positiv bewertet.

Schließlich hatten die Panthers nach dieser Saison zum ersten Mal in ihrer Geschichte mit DJ Moore (1.215 Yards), Robbie Anderson (1.111 Yards), Curtis Samuel (1.051 Yards) und Mike Davis (1.015 Yards) vier verschiedene Spieler, die mehr als 1.000 Total Yards erreichten. Dieser Rekord wurde in der modernen NFL-Ära erst viermal zuvor erreicht.

Teddy Bridgewater spielte eine sehr gute Saison, stellte den Franchiserekord in Completion Percentage (61,9 Prozent) auf und hatte zudem mit 3.733 Passing Yards die sechstbeste Saison aller Panthers-Quarterbacks. Allerdings war er mit lediglich 15 Touchdowns sehr ineffizient in gegnerischen Red Zones und wurde dahin gehend auch öffentlich von Matt Rhule in diversen Pressekonferenzen kritisiert.

Die Defense wurde innerhalb eines Jahres von einer der ältesten zu einer der jüngsten umgebaut. Die Secondary war jedoch noch die größte Schwachstelle des Teams. David Tepper zeigte sich hier überraschend geduldig und sagte über den Aufbau seines Teams des Öfteren: „Rom wurde auch nicht an einem Tag erbaut."

Um den Umbau des neuen Front Offices abzuschließen, wurde im Dezember 2020 General Manager Marty Hurney zum zweiten Mal in seiner Karriere von den Panthers entlassen. Dieser Schritt war bereits seit längerer Zeit erwartet worden und es war keine Überraschung, dass David Tepper einen GM haben wollte, der zu seinem neuen Head Coach und dessen Vorstellungen passte.

# 4 „IN ON EVERY DEAL" (2021)

Am 14. Januar 2021 wurde Scott Fitterer als neuer General Manager der Panthers vorgestellt. Fitterer war das Resultat einer langen Suche, denn David Tepper und Matt Rhule führten insgesamt 13 Interviews mit anderen Kandidaten, bevor sie sich für Fitterer entschieden.

Der am 4. November 1973 in Seattle geborene Scott Patrick Fitterer war bereits zu seiner Studienzeit ein begeisterter Sportler. An der University of California spielte er von 1992 bis 1994 Baseball auf der Position des Pitchers und Football, wo er als Quarterback auflief.

An der University of Louisiana, zu der er gewechselt war, konzentrierte er sich 1994 auf Baseball und wurde ein Jahr später von den Toronto Blue Jays gedraftet. Fitterer verbrachte zwei Jahre im Minor-League-System in Toronto, bevor ihn eine Schulterverletzung, zwang seine Baseballhandschuh an den Nagel zu hängen und er anschließend eine Karriere als Footballscout begann.

1998 machte er seine erste NFL-Erfahrung als Teilzeitscout bei den New York Giants. Drei Jahre später kehrte er in seine Heimatstadt Seattle zurück und arbeitete sich über die nächsten 20 Jahre bei den Seattle Seahawks stetig nach oben. Nach seinen Anfängen als Area Scout hielt er ab 2011 die Position des Directors of College Scouting inne und war ab 2015 Co-Director of Player Personnel. 2020 wurde er zum Vice President of Football Operations befördert und arbeitete innerhalb dieser Position direkt mit Seahawks GM John Schneider zusammen.

Während seiner langen Zeit bei den Seahawks war Fitterer bei der Entdeckung und Verpflichtung von vielen erfolgreichen Spielern wie Russell Wilson, Bobby Wagner, Tyler Lockett und D. K. Metcalf beteiligt.

Wegbegleiter und ehemalige Kollegen äußerten sich immer wieder sehr positiv über Scott Fitterer und seinen Charakter. Er gilt als hilfsbereite, verlässliche und bescheidene Person, die andere Meinungen immer respektiert.

Sein Motto als General Manager bei den Panthers bezüglich Verpflichtungen oder Trades von Spieler wurde schon direkt nach seinem Antritt für alle Beobachter des Franchise deutlich. Unter Scott Fitterer sind die Panthers für jeden Vorschlag offen - oder „in on every Deal", wie er es persönlich ausdrückt.

Schon recht früh in der Off-Season wurde bekannt, dass Teddy Bridgewater trotz seines relativ teuren Vertrags nicht als Quarterback-Lösung angesehen wurde und auf dem Quarterback-Markt war Anfang 2021 ohnehin viel Bewegung.

So bemühten sich die Panthers auch um die Dienste von Matthew Stafford, für den Carolina angeblich keine Option war und schließlich in Los Angeles bei den Rams landete - wie heute alle wissen, eine sehr gute Entscheidung für ihn und das Franchise aus Kalifornien. Auch ein möglicher Trade von Deshaun Watson wurde damals schon mit den Panthers in Verbindung gebracht, auch wenn diese Geschichte erst im folgenden Jahr so richtig Fahrt aufnahm.

Zu Beginn der Free Agency bedienten sich die Panthers im mittleren Segment von zur Verfügung stehenden Spielern der Offensive Line. Offensive Tackle Cameron Erving und Center Pat Elflein waren die ersten beiden Verpflichtungen.

Right Tackle Taylor Moton, der in der Saison 2020 die größte Säule der Offensive Line war, wurde zunächst mit dem Franchise Tag belegt, bevor er im Juli 2021 eine Verlängerung über vier Jahre und garantierten 43 Millionen US-Dollar unterschrieb.

Die Verpflichtung der beiden Linebacker Haason Reddick und Frankie Luvu waren neben der Tatsache, dass die Panthers sehr an Matthew Stafford interessiert waren, ein Signal dafür, dass die Zeichen in Charlotte nicht so wirklich auf Neuaufbau standen.

Anfang 2021 tradeten die Panthers für den Quarterback Sam Darnold von den New York Jets und investierten hier reichlich Draft-Kapital. Die Jets bekamen für Darnold, den sie im Draft 2018 mit dem dritten Pick ausgewählt hatten, einen Sechst-Runden-Pick im Jahr 2021 und den Zweit- sowie den Viert-Runden-Pick des Drafts 2022.

Diese Verpflichtung zeigte, dass die Panthers eher nicht gewillt waren, einen neuen Quarterback im Draft zu suchen. Da Sam Darnold zwar bei den Jets unter keinen wirklich guten Umständen spielte – insbesondere, was den Head Coach, die Offensive Line und das Receiver-Corps anging –, stieß dieser Trade aufgrund der Leistung, die Darnold in seinen drei Jahren NFL gezeigt hatte, bei vielen Experten auf Kritik.

Am Tag vor dem Draft 2021 wurde Teddy Bridgewater nach nur einer Saison zu den Denver Broncos getraded. Carolina bekam im Austausch noch einen Sechst-Runden-Pick und musste einen Teil des Gehalts von Bridgewater weiterbezahlen.

Der Wechsel von Teddy Bridgewater zu Sam Darnold war der Anfang einer lang andauernden Quarterback-Kontroverse unter dem neuen Panthers-Regime.

Nachdem die Panthers am ersten Tag des Drafts den Cornerback Jaycee Horn ausgewählt hatten, nutzten sie die sogenannte *Fifth Year Option* des Vertrags von Sam Darnold und banden ihn, ohne dass er nur einen Snap im Panthers-Trikot gespielt hatte, bis nach der Saison 2022 an das Team.

Nachdem das Front Office mit dem neuen GM Scott Fitterer erneut einen Top-Ten-Pick des Drafts in einen defensiven Spieler investiert hatte, wählten die Panthers auch noch einige Offensivspieler aus. Scott Fitterer zeigte bei seinem ersten Panthers-Draft einiges an Verhandlungsgeschick, indem er durch Down- und Uptrades mit insgesamt elf anstatt sieben Picks aus der Draft hervorging. Mit Offensive Tackle Brady Christensen, Runningback Chuba Hubbard sowie den Wide Receivern Terrace Marshall Jr. und Shi Smith konnten Carolina einige vielversprechende Spieler in den Kader holen.

Obwohl die Panthers zum ersten Mal seit 2015 mit drei Siegen in die Saison starten, zeigte sich schnell, dass die Offensive Line ein massives Problem der Offense war. Greg Little, der 2019 in der zweiten Runde gedraftet wurde, erwies sich leider als Flop und wurde noch vor Saisonstart für einen Siebt-Runden-Pick an die Miami Dolphins abgegeben, sodass Rookie Brady Christensen direkt in der Startformation auflief.

Durch viele Verletzungen wurde die Offensive Line stark durchrotiert und auch der Trainerstab nahm hier durchaus experimentelle Formationen vor, die leider darin endeten, dass die Panthers-O-Line als eine der schlechtesten der NFL dastand.

Sam Darnold präsentiert sich zu Beginn der Saison durchaus positiv. Sein Talent als Läufer wurde im offensiven Laufspiel sehr gut eingebunden, trotzdem hatte er nach den ersten drei Spielen einen starken Leistungseinbruch.

In der dritten Spielwoche erlitt Jaycee Horn mehrere Knochenbrüche im rechten Fuß und verpasste den Rest der Saison. Auch Christian McCaffrey verletzte sich am Oberschenkel und fiel für die nächsten fünf Spiele aus.

Die Panthers überraschten mitten in der Saison mit weiteren Trades, die weiterhin den Eindruck erweckten, dass sich das Team durchaus für konkurrenzfähig im Kampf um einen Play-off-Platz ansah. Die Panthers sendeten Tight End Dan Arnold und einen Dritt-Runden-Pick 2022 nach Jacksonville und bekamen dafür im Austausch von den Jaguars den Cornerback CJ Henderson sowie einen Fünft-Runden-Pick des kommenden Jahres. Scott Fitterer fuhr seine „On-every-Deal"-Mentalität fort – er machte in neun Monaten insgesamt 13 Trades – und so wechselte der ehemalige Defense Player of The Year und bis dato viermalige Pro-Bowl-Teilnehmer Stephone Gilmore für einen Sechst-Runden-Pick von den New England Patriots zu den Carolina Panthers.

Die Panthers bauten weiterhin auf ihre defensive Ausrichtung des Teams und dies war durchaus erfolgreich. Besonders der Pass Rush mit Brian Burns und Haason Reddick war eine Stärke des Teams, konnte jedoch die schlechte Leistung von Sam Darnold und die meist uninspirierte Offense nicht aufwiegen.

In Spielwoche 7, als die Panthers in New York gegen die Giants antraten, wurde Sam Darnold von Matt Rhule aufgrund seiner Leistung aus dem Spiel genommen und PJ Walker übernahm für ihn. Trotzdem hatten die Panthers keine Chance gegen die Giants und verloren das Spiel mit einem Endergebnis von 3:25 mehr als deutlich. Besonders schmerzhaft für Panthers-Fans war die gute Leistung der beiden ehemaligen Panthers-Spieler Graham Gano und James Bradberry, die nun beide in New York spielten.

Im darauf folgenden Spiel konnten die Panthers zwar mit 19:13 gegen die Atlanta Falcons gewinnen, allerdings folgte eine Woche nach diesem Spiel der absolute Tiefpunkt der Saison. Gegen die New England Patriots sahen die Zuschauer im Bank of America Stadium eine desaströse Vorstellung der Panthers.

Sam Darnold warf drei Interceptions in drei aufeinanderfolgenden Drives und erzielte insgesamt nur 172 Passing Yards. Die einzigen Punkte für die Panthers machte Kicker Zane Gonzales mit zwei verwandelten Field Goals, denn auch das Laufspiel der Panthers schaffte trotz eines wieder genesenen Christian McCaffrey nur 78 Yards Raumgewinn.

Die Panthers verloren das fünfte Spiel der Saison mit 6:24, doch leider war das noch nicht alles. Center Matt Paradis konnte das Spiel nicht beenden und verpasste schließlich den Rest der Saison mit einem gerissenen Kreuzband. Auch Sam Darnold verletzte sich an der Schulter und fiel für die kommenden Wochen aus.

Mit der Niederlage im fünften Spiel innerhalb von sechs Wochen hatte die Frustration der Fans einen Höhepunkt erreicht.

Der teure Trade von Sam Darnold, der keineswegs wie ein Upgrade zu Teddy Bridgewater aussah und die unkreative Offense von Joe Brady, machte die Panthers zu einem Team der NFL, das in einem Großteil der Berichterstattung belächelt wurde. Hinzu kamen einige verwirrende und auch sich zum Teil widersprechende Aussagen von Matt Rhule, der sich auf seinen Pressekonferenzen natürlich auch unangenehmen Fragen stellen musste.

In vielen Spielen wirkte sein Team zutiefst undiszipliniert und an Heimspieltagen blieben viele Plätze im Bank of America Stadium entweder unbesetzt oder wurden von Fans der gegnerischen Mannschaft besucht. Das Franchise befand sich an einem absoluten Tiefpunkt.

Und dann geschah etwas ziemlich Unerwartetes – für Fans fast eine Sensation.

Am Donnerstag, nach dem Spiel gegen New England, berichteten einige lokale Journalisten aus Charlotte, dass Cam Newton in der Stadt sei, um sich mit den Panthers zu treffen. Einige Stunden später verkündeten die Panthers die Nachricht, dass der ehemalige Franchise-Quarterback für den Rest der Saison zurückkehren würde.

Die Rückkehr von Cam stieß bei einigen Experten auf Skepsis, aber die Nachricht sorgte für einen Schub an Enthusiasmus und Freude bei den Fans, wie viele es vermutlich seit mehreren Jahren nicht verspürt hatten.

Und diese Energie schien sich auch auf das Spielfeld zu übertragen. Drei Tage nach der Verpflichtung spielten die Panthers ein Auswärtsspiel bei den Arizona Cardinals. Ohne Übertreibung war dies das Spiel der Saison und neben dem London-Spiel 2019 vermutlich das Highlight der letzten Jahre.

Direkt im ersten Drive der Cardinals, angeführt von Backup Quarterback Colt McCoy, gelang Haason Reddick ein Strip-Sack und Panthers Linebacker Morgan Fox konnte den Ball an der 15-Yard-Linie der Cardinals sichern. Als Starting Quarterback der Panthers war PJ Walker vorgesehen, aber es wurde erwartet, dass Cam Newton für einige wenige Spielzüge eingesetzt werden würde.

Cam Newton kam überraschenderweise gleich für den ersten offensiven Spielzug der Panthers auf das Spielfeld und lief den Football nach dem Snap mit langen Schritten direkt in die Endzone zum Touchdown. Sein Jubel an der Seitenlinie: „I'm back – ich bin zurück", wurde zwar mit einer Flagge geahndet, für die ihm allerdings sicher kein Panthers-Fan böse war.

Keine drei Minuten später standen die Panthers erneut vor Arizonas Endzone. Und wieder kam Cam Newton aufs Feld, der dann einen kurzen Pass auf Robbie Anderson in die Endzone warf. Die Panthers gewannen das Spiel 34:10 und es schien so, als ob wieder einiges möglich wäre, um die Saison zu retten.

Eine Woche später spielten die Panthers zu Hause gegen das Washington Football Team und damit gegen Ron Rivera und einige ehemalige Spieler wie Quarterback Taylor Heinicke und Kicker Joey Slye, der in den letzten fünf Minuten zwei Field Goals gegen die Panthers traf und das Spiel mit 21:27 für Carolina verloren ging. Cam Newton machte ein sehr gutes Spiel mit zwei Touchdown-Pässen und einem Rushing Touchdown. Das Passer Rating von 120.5 hatte er zuletzt 2018 gegen die Tampa Bay Buccaneers erreicht.

Leider endete die Saison in keiner Hinsicht versöhnlich und Carolina konnte kein weiteres Spiel mehr gewinnen. Die Offensive Line baute immer weiter ab und die Entscheidungen von Matt Rhule, allen drei Quarterbacks im Kader in den nächsten Spielen Einsatzzeit zu geben, sorgte zum einen für starke Irritationen und zeigte zum anderen keinerlei Erfolg.

Das Konzept von Matt Rhule und seinem Trainerstab ging in dieser Saison nicht wirklich auf und die Panthers beendeten die Spielzeit 2021 mit einer Bilanz von fünf Siegen und zwölf Niederlagen.

Am 05. Dezember wurde Joe Brady als Offensive Coordinator entlassen. Die Verpflichtung, die von vielen als besonderer Coup gefeiert wurde, zahlte sich ebenso wenig aus wie die Entscheidung des Front Office, keinen wirklich harten Umbruch des Teams zu vollziehen. Die Tatsache, dass Sam Darnold mit einem Gehalt von knapp 20 Millionen US-Dollar für die Saison 2022 auf der Gehaltsliste stehen würde und sich viele Experten einig waren, dass Matt Rhule keine glückliche Verpflichtung für die Panthers war, gab wenig Anlass zur Euphorie für die kommenden Saison.

# 5 NOTBREMSE (2022)

Nachdem klar wurde, dass Matt Rhule noch eine weitere Chance für seine dritte Saison als Head Coach bekommen würde, kam es unmittelbar nach der Saison zu einigen Veränderungen im Trainerstab. So wurden die Trainer von Offensive Line, Defensive Line und der Coordinator des Special Teams entlassen. Der Fokus für die Neubesetzung lag darauf, dass der neue Trainerstab über mehr NFL-Erfahrung verfügen sollte als der letzte.

Mit Ben McAdoo, der 15 Jahre Erfahrung in der Profiliga mitbrachte, wurde der Posten des Offensive Coordinators neu besetzt. Mit O-Line Coach James Campen und dem ehemaligen Panthers Defense Coordinator Steve Wilks stießen weitere sehr erfahrene Coaches zum Stab.

Nach Vertragsverlängerungen für DJ Moore und Cornerback Donte Jackson wurde in der Free Agency erneut die Offensive Line adressiert. Mit Guard Austin Corbett und Center Bradley Bozeman konnten zwei Free Agents verpflichtet werden, welche die schlechte Line des Vorjahres auf ein besseres Niveau heben sollten.

Im Draft hatten die Panthers durch den Trade für Sam Darnold nicht allzu viele Picks, aber Scott Fitterer gelang es wieder durch geschickte Trades, trotzdem sechs Spieler auszuwählen und zwei wichtige Positionen zu adressieren.

Mit Ikemefuna „Ickey" Ekwonu von der North Carolina State University bekamen die Panthers mit dem sechsten Pick der ersten Runde einen sehr vielversprechenden Offensive Tackle, der nun die lang ersehnte Lösung für den linken Tackle Spot sein sollte. In der dritten Runde wählten die Panthers noch den Quarterback Matt Corral von der University of Mississippi aus, in der Hoffnung, mit ihm einen jungen Quarterback mit Potenzial zu finden.

Trotz Matt Corral, Sam Darnold und PJ Walker im Kader holten sich die Panthers mit Baker Mayfield einen weiteren Quarterback dazu. Nachdem die Cleveland Browns für Quarterback Deshaun Watson, der sich aufgrund von sexuellen Übergriffen an mehreren Frauen zu verantworten hatte, getraded hatten, wollte Mayfield nicht mehr für die Browns spielen und kam somit kurz vor Beginn des Trainingslagers nach Carolina.

Die Panthers hatten so mit Baker Mayfield den ersten und mit Sam Darnold den dritten Pick des 2018er-Drafts in ihrem Team.

Wie schon Cam Newton drei Jahre zuvor verletzte sich Rookie-Quarterback Matt Corral bei einem Preseason-Spiel am Fuß. Die Panthers spielten wieder gegen die New England Patriots und auch Corral erlitt, ebenso wie Cam Newton, eine Lisfranc-Verletzung.

Im letzten Preseason-Spiel gegen die Buffalo Bills zog sich zudem Sam Darnold eine Verletzung zu, die ihn zwang, für mehrere Wochen auszusetzen.

Also ging Baker Mayfield als Starting Quarterback in die Saison.

In den ersten fünf Wochen der Saison gewannen die Panthers nur ein Spiel und standen mit ihrer Bilanz von 1-5 am unteren Ende der Liga.

Nach der fünften Niederlage zog David Tepper die Notbremse und Matt Rhule wurde trotz seines langen und teuren Vertrags entlassen.

Das Konzept des erfolgreichen Collegetrainers ließ sich nicht auf die NFL beziehungsweise auf die Panthers übertragen und das Team befand sich, ebenso wie am Ende der letzten Saison, am Boden der Liga wieder.

Steve Wilks, der bis dahin die Position des Defense Passing Game Coordinators innehielt, wurde zum Interim-Head-Coach befördert. Der 53-jährige, in Charlotte geborene und aufgewachsene Wilks hatte bereits eine längere Geschichte mit dem Team. 2012 wurde er von Ron Rivera als Secondary Coach zu den Panthers geholt, bevor er 2015 den Job des Head Coach Assistant übernahm und zwei Jahre später als Defensive Coordinator tätig war. Wilks verbrachte die Saison 2018 als Head Coach bei den Arizona Cardinals, bevor er 2019 wieder als Defensive Coordinator bei den Cleveland Browns arbeitete.

Da sich die Ansätze von Wilks und Phil Snow scheinbar nicht zusammenbringen ließen, verließ Phil Snow die Panthers und Al Holcomb, der zuvor Matt Rhule als Head Coach Assistant zur Seite stand, übernahm Phil Snows Rolle als Defense Coordinator.

Die Panthers verloren zwar das folgende Spiel gegen die Los Angeles Rams, jedoch fing Steve Wilks mit Scott Fitterer im Hintergrund an, das Ruder der Panthers herumzureißen.

Nachdem es mit Wide Receiver Robbie Anderson immer wieder Auseinandersetzungen an der Seitenlinie gab und sich Anderson schon des Öfteren nicht gerade als Teamplayer zeigte, schickte Steve Wilks ihn sogar beim Spiel gegen die Rams vorzeitig in die Kabine. Einige Tage später wurde Anderson zu den Arizona Cardinals getradet.

Doch Robbie Anderson war nicht der einzige Spieler der Panthers, der gegen Los Angeles das letzte Mal als Panther auf dem Platz stand, denn einige Tage später geschah ein spektakulärer Trade zwischen Carolina und den San Francisco 49ers.

Christian McCaffrey, der Star Runningback und eine tragende Säule der Offense, wurde für ein Paket mit vier Draft Picks nach San Francisco geschickt.

Was für einige Fans sicherlich einem Schock gleichkam, war für andere die logische Konsequenz. Schließlich konnte man nicht erwarten, dass die Panthers in ihrer momentanen Konstitution in diesem oder im nächsten Jahr einen ernsthaften Play-off-Run hinlegen würden.

Auch der Vertrag von CMC und die Tatsache, dass er in den letzten beiden Jahren stark von Verletzungen geplagt wurde, ließ den Tausch nicht abwegig erscheinen und die Panthers benötigen für den kommenden Draft 2023 eventuell etwas mehr Kapital, um möglicherweise die Chance auf einen hohen Draft Spot zu bekommen. Denn durch die Kompensation, die San Francisco für McCaffrey abgab (Zweit-, Dritt- und Viert-Runden-Pick 2023, sowie ein Fünft-Runden-Pick 2024), stand den Panthers deutlich mehr Draft-Kapital zur Verfügung.

Entgegen allen Erwartungen schaffte es Steve Wilks auch spielerisch, den Panthers neues Leben einzuhauchen. In Woche 7 gewannen die Panthers 34:37 vor heimischem Publikum das zweite Saisonspiel gegen die Tampa Bay Buccaneers – und zum ersten Mal gegen Tom Brady als Quarterback des Divisionsrivalen.

Es folgten noch weitere Siege gegen die Atlanta Falcons, die Denver Broncos und die überraschend starken Seattle Seahawks. Aufgrund der ebenso schlechten Ergebnisse der anderen Teams auf der NFC South hatten die Panthers sogar noch die Möglichkeit, die Division zu gewinnen und sich einen Play-off-Platz zu sichern.

Steve Wilks hatte dem Team innerhalb von wenigen Wochen wieder zu einer Identität verholfen und dank einer starken Offensive Line und einem dominanten Laufspiel zeigten die Panthers wieder die Klasse eines NFL-Teams. Und auch der genesene Sam Darnold spielte plötzlich auf einem völlig anderen Niveau als noch vor einem Jahr.

Am 24. Dezember 2022 stellten die Panthers beim Spiel gegen die Detroit Lions sogar mehrere neue Franchiserekorde auf. Im kältesten Spiel in der Geschichte des Bank of America Stadiums, erreichten die Panthers bei -6,6 Grad Celsius in der ersten Halbzeit einen Raumgewinn von 364 Total Yards. Zuvor lag der Rekord einer Halbzeit aus dem Jahr 2015 (gegen Atlanta) bei 349 Yards. Nach 60 Minuten hatte das Team mit 570 Total Yards den Rekord von 2017 (548 Yards gegen Miami) eingestellt.

Die beiden Runningbacks D'Onta Foreman und Chuba Hubbard hatten mit ihren 165 beziehungsweise 125 Rushing Yards den größten Anteil an einem weiteren Franchise-Rekord: 320 Rushing Yards in einem einzigen Spiel. Dieser Meilenstein stellte den Rekord von 299 Yards (2008 gegen Tampa Bay) nach 14 Jahren ein.

Die Panthers verloren leider das wichtige Spiel im Kampf um die NFC South gegen die Tampa Bay Buccaneers und verpassten so doch die Playoffs. Trotzdem hatte diese Saison gezeigt, was mit einem Trainer, der den richtigen Ton findet und seine Spieler motivieren kann, alles möglich ist.

Carolina schloss die Saison 2022 mit insgesamt sieben Siegen und zwölf Niederlagen ab und benötigte nach drei Spielzeiten wieder einen neuen Head Coach. Viele NFL-Experten und Panthers-Spieler sprachen sich in den ersten Wochen nach dem Saisonende immer wieder für Steve Wilks als neuen Head Coach der Panthers aus. Doch das Front Office entschied sich für einen anderen Kandidaten.

# 6 DER KREIS SCHLIESST SICH

Am 26. Januar 2023 wurde Frank Reich, der allererste Starting Quarterback der Panthers, zum offiziell sechsten Head Coach der Carolina Panthers ernannt. Reich ist der erste Cheftrainer des Franchise, der, natürlich auch bedingt durch seine persönliche NFL-Karriere, einen offensiven Hintergrund mit nach Carolina bringt.

Frank Michael Reich wurde am 4. Dezember 1961 in Freeport im Bundesstaat New York geboren. Nach seiner Zeit an der University of Maryland wurde er im Draft 1985 in der dritten Runde von den Buffalo Bills ausgewählt. In Buffalo spielte Reich bis 1994 als Backup-Quarterback für den Hall-of-Fame Quarterback Jim Kelly. Reich startete siegreich 1989 in drei Spielen für die Bills und kam auch im Super Bowl XXVII zum Einsatz, den die Bills, wie auch die folgenden drei Finalspiele, leider verloren.

Frank Reich gilt auch heute noch als einer der besten Backup-Quarterbacks der NFL, hauptsächlich aufgrund der Leistungen während seiner Zeit bei den Buffalo Bills. Damals konnte Reich sein Team bei bedeutenden Spielen zum Sieg verhelfen, als er für Jim Kelly einspringen musste. Vor allem das Wildcard-Spiel in den Play-offs der Saison 1992 gegen die Houston Oilers muss hier genannt werden. In diesem AFC-Matchup, das Reich aufgrund der Verletzung von Starting Quarterback Kelly bestritt, lagen die Bills zu Beginn des dritten Viertels mit einem Punktestand von 3:35 praktisch uneinholbar hinter den Oilers. Viele Fans verließen damals bereits das Stadion, als Buffalo mit Frank Reich als Quarterback das bis dato größte Comeback der NFL-Geschichte hinlegte und das Spiel zunächst mit 38:38 in die Verlängerung ging, welche die Bills am Ende mit 41:38 für sich entscheiden konnten.

Dieser Rekord eines eingeholten 32-Punkte-Rückstands wurde zwar in Woche 15 der Saison 2022 von den Minnesota Vikings, die zunächst 33 Punkte gegen die Colts zurücklagen und ebenso nach der Verlängerung als Sieger vom Platz gingen, gebrochen – aber das Play-off-Match der Bills gegen die Oilers, genannt „The Comeback", ist heute noch immer ein bedeutendes Stück NFL-Geschichte.

Nach seiner Zeit bei den Bills stieß Frank Reich 1995 bekanntermaßen zu den Carolina Panthers und startete die ersten drei Spiele für das neue Expansion Team.

Reich spielte nach seiner Saison bei den Panthers noch für die New York Jets und die Detroit Lions, bevor er 1998 seine aktive Karriere beendete.

Einige Jahre später begann Frank Reich seine Laufbahn als Trainer. Von 2006 bis 2011 arbeitete er bei den Indianapolis Colts, unter anderem als Coach der Quarterbacks und Wide Receiver. Es folgten weitere Stationen bei den Arizona Cardinals und San Diego Chargers, wo er von 2014 bis 2015 seine erste Erfahrung als Offensive Coordinator machte.

Von 2016 bis 2017 arbeitete Reich ebenfalls als Offensive Coordinator in Philadelphia, wo er mit den Eagles den Super Bowl LII gewann. Nach diesem Erfolg trat er in Indianapolis – dem Ort, an dem seine Karriere als Trainer begann – seinen ersten Posten als Head Coach an. Frank Reich verbrachte vier komplette Spielzeiten bei den Colts. Innerhalb dieser Zeit befand sich das Team dreimal in den Top Ten der NFL-Offenses mit den meisterzielten Punkten und kam zweimal bis in die Play-offs.

Mit Frank Reich bekommen die Carolina Panthers einen Head Coach mit sehr viel offensiver Erfahrung sowie auf und neben dem Feld.

Vielleicht glückt ihm mit seiner Rückkehr nach Carolina ein erfolgreicher Neuanfang des Footballteams aus Charlotte. Hoffentlich gelingt es ihm und er schafft es, die Carolina Panthers wieder dahin zu führen, wo sie sein möchten.

An der Spitze der größten Sportliga der Welt.

# DANKSAGUNG

Am Ende von Interviews oder Gesprächen mit Footballspielern verwenden diese oftmals die Floskel: "I appreciate that - ich weiß das zu schätzen", um sich bei ihren Gesprächspartnern für das Gespräch und für positive Rückmeldungen zu bedanken. Dasselbe wollen wir an dieser Stelle tun, allerdings soll hier keine Höflichkeitsfloskel stehen, sondern ein sehr ernst gemeintes „Danke!".

Wir bedanken uns bei allen Hörern unseres Podcasts *#keepTalking*. Diese tolle Community hat uns in den letzten Jahren sehr geholfen, weiter motiviert am Ball, beziehungsweise an den Panthers zu bleiben und letztendlich auch dieses Buch zu schreiben.

Großer Dank gilt ebenfalls Jan Weckwerth, der uns mit seiner Footballexpertise und Leidenschaft für die Geschichte der NFL eine sehr große Unterstützung war und uns stets mit seinem wertvollen Input zur Seite stand.

Des Weiteren bedanken wir uns bei Franzi Haist für die grafische Unterstützung, bei Christian Detterbeck und Max Länge für die Hilfestellung zu Beginn dieses Projekts, sowie bei unseren Kolleginnen und Kollegen des *German Riot e.V.* und bei der *Footballerei*, die uns bei der Weiterentwicklung unserer Ideen unterstützen.

Vielen Dank auch an den Meyer & Meyer Sportverlag, der bereit war, dieses Projekt mit uns durchzuführen und uns bei allen Fragen immer ein zuverlässiger Ansprechpartner war.

Und last, but not least - vielen Dank an unsere Familien und Freunde, die uns unterstützt, motiviert und den Rücken freigehalten haben.

Danke!

# ANHANG

## 1 LITERATURLISTE


Buford, B. (1994). *Halftime. Moving from success to significance.* Grand Rapids: Zondervan

Fowler, S. (2004). *Tales from the Carolina Panthers sideline.* Champaign: Sports Publishing.

Fowler, S. (2013). *100 things Panthers fans should know and do before they die.* Chicago: Triumph Books.

Fowler, S. (2016). *Panthers rising.* Chicago: Triumph Books.

Fowler, S., Jones, J. & Person, J. (2016). *Super Cam. Cam Newton's rise to Panthers greatness.* Chicago: Triumph Books.

Lewis, M., (2006). *The blind side.* New York: W.W. Norton & Company.

Person, J. (2011). Early lessons in chain of command. *The Charlotte Observer. Vol. 142, No. 16.* 1C.

Person, J. (2017). Cleaning out, moving on. *The Charlotte Observer. Vol. 148, No. 3.* 1B.

Pressler, J. (2010). Ready to be rich. *New York Magazine.*

https://nymag.com/news/features/establishments/68513/; Zugriff am 24.09.2022.

Quick, S. (2020). The plight of the black quarterback. *Halftime Report.* https://www.revolt.tv/article/2020-09-09/70690/halftime-report-the-plight-of-the-black-quarterback/; Zugriff am 24.09.2022

Wertheim, L. & Bernstein, V. (2017). Jerry Richardson, Panthers have made multiple confidential payouts for workplace misconduct, Including sexual harassment and use of a racial slur. *Sports Illustrated.* https://www.si.com/nfl/2017/12/17/jerry-richardson-carolina-panthers-settlements-workplace-misconduct-sexual-harassment-racial-slur; Zugriff am 24.09.2022

# 2 BILDNACHWEIS

Coverfoto: imago, Carolina Panthers quarterback Cam Newton (1) during the NFL American Football Herren USA football game between the Tampa Bay Buccaneers and the Carolina Panthers on Sunday November 4, 2018 in Charlotte, NC., Copyright: xJacobxKupfermanx

Covergestaltung: Annika Naas

Innenlayout: Annika Naas

Satz: ZeroSoft

Lektorat: Dr. Irmgard Jaeger

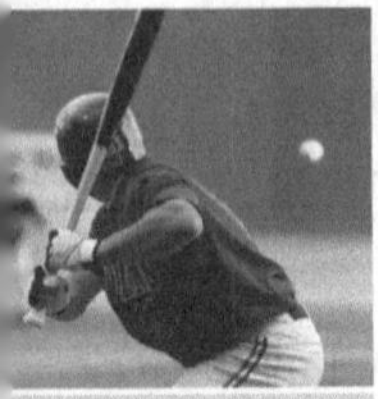

# AMERICAN SPORTS –

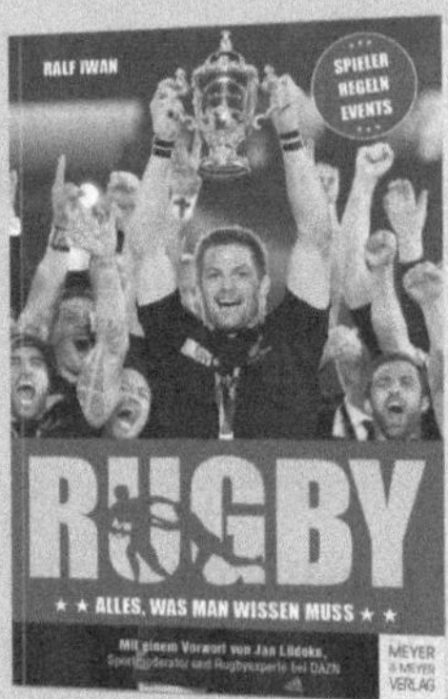


ISBN 978-3-8403-7647-6
€ [D] 14,95/[A] 15,40

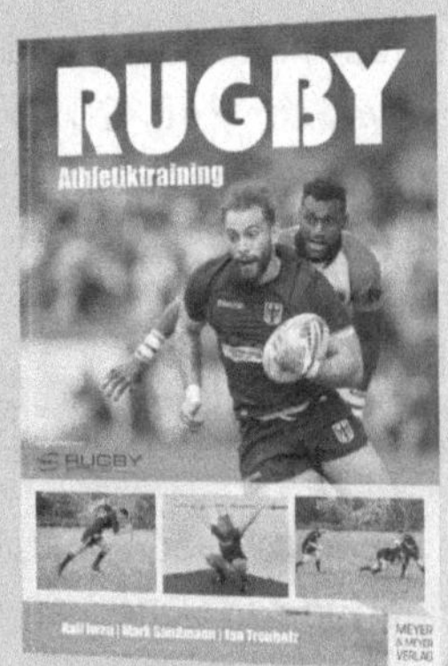


ISBN 978-3-8403-7646-7
€ [D] 42,00/[A] 43,20

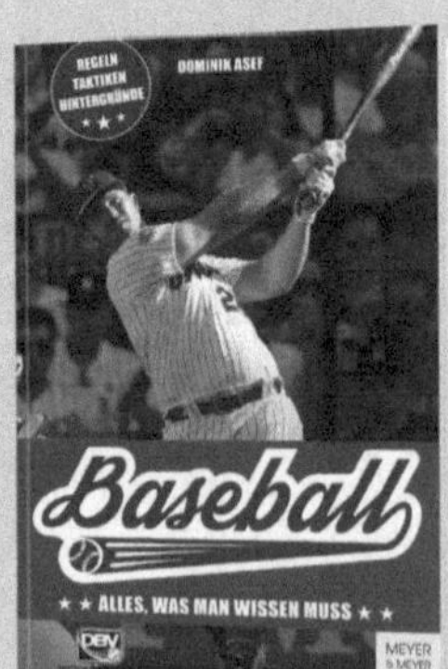


ISBN 978-3-8403-7655-9
€ [D] 14,95/[A] 15,40

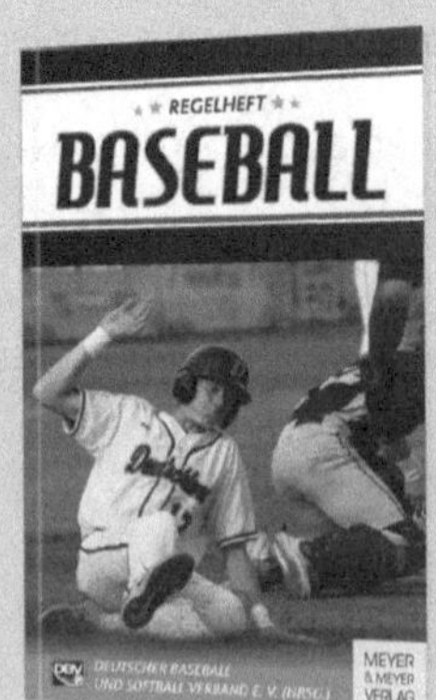


ISBN 978-38403-7714-3
€ [D] 18,00/[A] 18,50

# RUGBY, BASEBALL, BASKETBALL

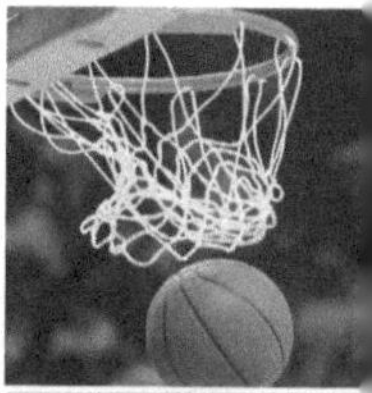

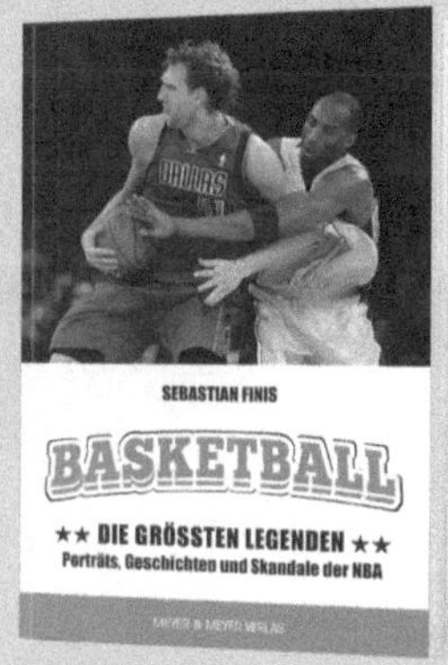


ISBN 978-38403-7740-2
€ [D] 19,95/[A] 20,60

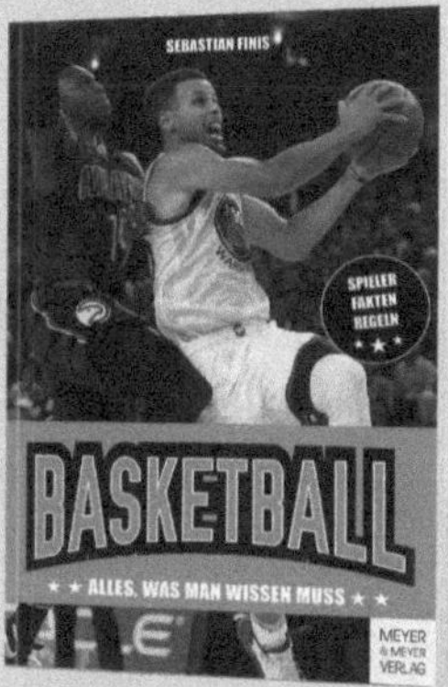


ISBN 978-3-8403-7696-2
ca. € [D] 16,00/[A] 16,50

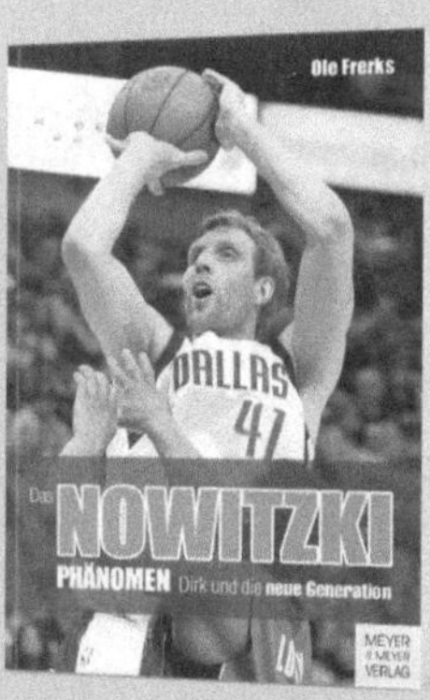


ISBN 978-3-8403-7644-3
€ [D] 17,00/[A] 17,50

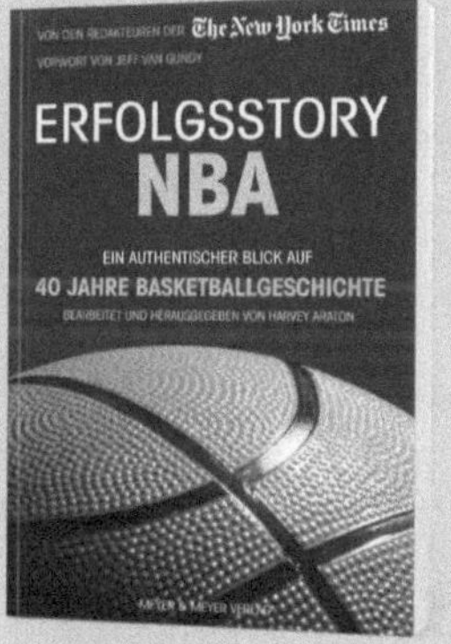


ISBN 978-3-8403-7670-2
€ [D] 32,00/[A] 32,90

Preisänderungen vorbehalten und Preisangaben ohne Gewähr! Bild oben rechts © AdobeStock

**MEYER & MEYER Verlag**
Von-Coels-Str. 390
52080 Aachen

Telefon 02 41 - 9 58 10 - 13
Fax 02 41 - 9 58 10 - 10
E-Mail vertrieb@m-m-sports.com
Website www.dersportverlag.de

MEYER & MEYER VERLAG

Abonnieren Sie unseren kostenlosen Newsletter unter **www.dersportverlag.de**

# AMERICAN FOOTBALL – MEHR FÜR FANS!

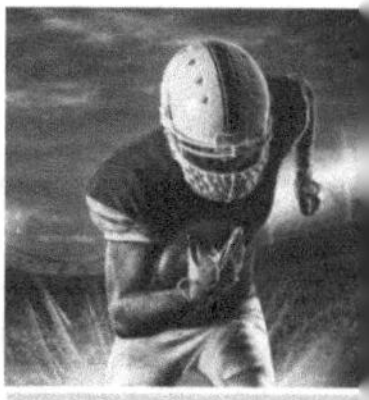

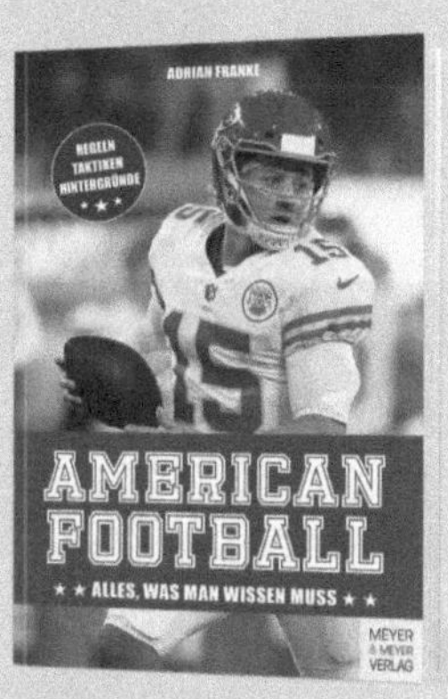


ISBN 978-3-8403-7851-5
€ [D] 16,00/[A] 16,50

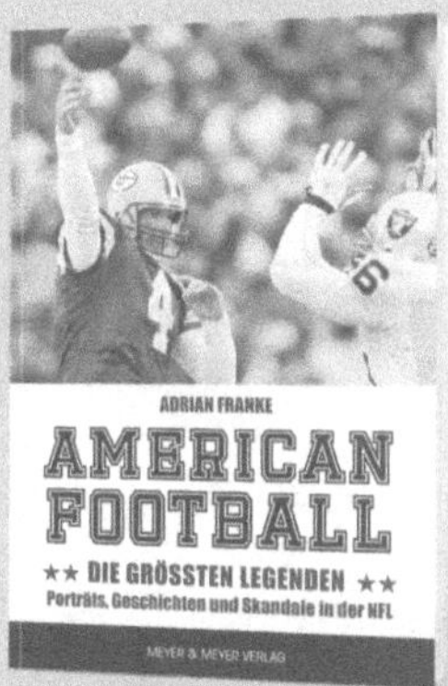


ISBN 978-3-8403-7664-1
€ [D] 19,95/[A] 20,60

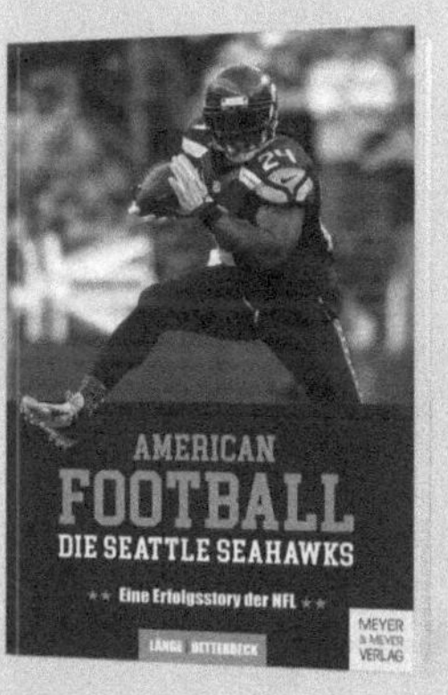


ISBN 978-3-8403-7858-4
€ [D] 18,00/[A] 18,50

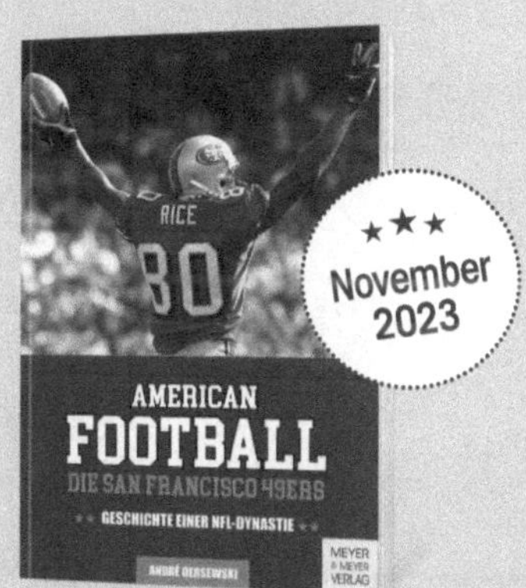


ISBN 978-3-8403-7876-8
€ [D] 19,95/[A] 20,60

Preisänderungen vorbehalten und Preisangaben ohne Gewähr! Bild oben rechts © AdobeStock

**MEYER & MEYER Verlag**
Von-Coels-Str. 390
52080 Aachen

Telefon 02 41 - 9 58 10 - 13
Fax 02 41 - 9 58 10 - 10
E-Mail vertrieb@m-m-sports.com
Website www.dersportverlag.de

MEYER & MEYER VERLAG